NOTES

SUR LA LORRAINE ALLEMANDE.

LES

RHINGRAVES

ET LES REITRES

PENDANT LES GUERRES DE RELIGION DU XVIe SIÈCLE,

PAR LOUIS BENOIT.

NANCY,
IMPRIMERIE DE A. LEPAGE, GRANDE-RUE, 14.

1860.

NOTES

SUR LA

LORRAINE ALLEMANDE.

Parmi les capitaines allemands qui figurèrent en France dans les guerres religieuses du seizième siècle et dans la guerre de trente ans, il en est peu dont le rôle politique ait été aussi diversement apprécié que celui des Rhingraves, soit que leur position entre la France et l'Allemagne ait répandu une certaine confusion sur la nature de leurs relations; soit que nos historiens aient négligé à dessein de s'occuper de Princes, qui, zélés luthériens dans leurs états, combattirent à outrance les calvinistes de France, et, vassaux du Saint-Empire, furent les plus fidèles alliés du Roi.

Grâce à un silence systématique, des erreurs se sont glissées et ont altéré la vérité des faits. C'est ainsi que sont passés inaperçus ces capitaines, appelés à être consi_dérés sous un jour nouveau, alors que l'un d'eux, quit-

tant le coin obscur où il fut relégué pendant de longues
années, va occuper la place qui lui a été marquée au Wal-
halla de la Lorraine.

I.

La ville de Fénétrange a fait don[1], au Musée lorrain
d'une pierre tombale abandonnée depuis de longues années dans l'ancien cimetière, près d'un contrefort de la
partie septentrionale du chœur. Tirée des carrières de
Mackwiller (Bas-Rhin), cette pierre, de grès quartzeux, me-
surant 2 m. 50 sur 1 m. 10, et dont l'épaisseur est de 0. 25,
avait fini par être entièrement cachée sous la mousse, les
hautes herbes et les ronces.

Dans le courant de l'année 1855[2], M. le Secrétaire de la
Société d'Archéologie lorraine était venu visiter et signaler
ce monument, que son état d'abandon et de dégradation
avait presque rendu informe.

Cependant, en l'examinant avec soin, il était facile de reconnaître, sous les plantes parasites qui le recouvraient,
un chevalier à la pose altière, tourné de trois quarts vers
la gauche, en demi-relief, revêtu du costume élégant et sévère de la Renaissance, et entouré de quatre écussons ornés
de huchements variés à l'infini.

Ce personnage, de 1 m. 65 de hauteur, est armé de
toutes pièces, sauf qu'au lieu de casque, il porte une petite toque dont la large plume vient s'arrondir derrière
son oreille gauche. A son col pend une lourde chaîne à an-
neaux carrés, supportant un médaillon que le frottement a
presque rendu invisible. Sa gorgière, à cinq articulations,

1. 30 décembre 1859.
2. M. l'abbé Guillaume. *Journal de la Société d'Archéologie*,
1855, 2e année, p. 100.

se termine carrément sous une cuirasse dont le plastron,
fortement bombé, simule sur le devant la panse caracté-
ristique des armures du temps des derniers Valois. Cette
cuirasse est munie d'épaulières relevées à leur sommet, de
brassards ouvragés, et sur le devant, vers la droite, d'un
crochet mobile, servant soit à appuyer la lance, soit à ac-
crocher la dague. Un nœud à flots serre le ceinturon, auquel est suspendu, par derrière, une petite dague, dont
on ne voit que la poignée finement ciselée. Une épée en
verrouil, de 96 centimètres, est aussi fixée au ceinturon,
mais à l'aide de lanières assez longues, dont l'une va se
rattacher assez près de la dague, au côté droit. Le coude
contre la hanche, le chevalier tient de la main gauche la
poignée de son épée, dont la garde se recourbe vers la
pointe. Son bras droit, au gantelet à demi mutilé, vient
s'appuyer sur le haut de la cuisse et se perdre dans les
plis tuyautés d'une jaquette ouverte sur le milieu. Le har-
nois de jambe à vis et charnières est sans articulations, les
genouillères assez bien conservées, les souliers de fer mu-
nis d'éperons, épatés par le bout et posés sur un lion rampant, lequel relève orgueilleusement la tête à la gauche du
chevalier.

Si nous ne parlons pas des traits de la figure, c'est qu'ils
ont été complétement effacés, non par la main du temps,
mais par celle des hommes; cependant on reconnaît que la
tête était placée de trois quarts comme le corps, et que les
cheveux et la barbe étaient courts. Par l'ensemble du costume,
les détails de l'armure et la grâce parfaite qui le caractérise comme tous les monuments de la Renaissance, ce bas-
relief, dont le faire dénote un artiste habile, rappelle ces
chefs de bandes, à cheval au milieu des reîtres et des lans-

quenets, tels qu'ils sont représentés sur les bas-reliefs du tombeau de François Ier à Saint-Denis.

Le buste du chevalier est encadré dans une arcature cintrée, ornée à sa partie supérieure de rinceaux, et des deux côtés, de cartouches chargés d'écussons déchiquetés de lambrequins, et supportés par une corniche interrompue, à laquelle se trouve accrochée une tapisserie réticulaire, dont les lozanges portent alternativement des fleurons et des rosaces, et dont les coins sont arrondis par une courbe gracieuse. Cette tenture se termine par une bordure à franges, dont le galon est richement orné.

Au-dessus d'une console historiée, à côté de la tête du lion placé aux pieds du chevalier, se trouve un écusson chargé d'emmanchures.

Le heaume de l'écusson placé vis-à-vis est couronné et surmonté d'un vol, chargé des deux fasces de l'écu, et dont les pennes vont caresser le fourreau de l'épée, que le chevalier porte presque horizontalement.

Le troisième écusson, le principal, celui qui porte les armes propres du chevalier, est complétement fruste; il ne reste que quelques vestiges d'un des quartiers sur le tout, et un fragment de cimier. C'est celui qui se trouve à la hauteur de l'épaule droite.

Quant à celui de gauche, il a été aussi endommagé que le précédent, sauf que l'on voit encore une aigle aux ailes esployées, surmontant un heaume fermé. L'angle de la pierre tombale ayant été brisé, l'extrémité de l'aile a été enlevée.

Nous ne terminerons pas cette description sans mentionnner comment nous fûmes conduit à reconnaître, dans cette pierre tombale abandonnée, le monument du Rhingrave Otto.

Par une étude attentive, on pouvait se convaincre qu'il appartenait à l'époque de la Renaissance ; mais, cette question résolue, il en restait une plus difficile, et pour la trancher, il fallait se rappeler que lorsqu'un personnage est entouré de quatre quartiers héraldiques, ceux de la ligne paternelle sont à sa droite, et ceux de la ligne maternelle à sa gauche ; qu'enfin l'écusson placé près de son épaule droite représente toujours ses armes propres. C'est ce dont on peut se convaincre en parcourant une intéressante monographie, extraite des mémoires de l'Académie impériale de Metz (1852-1855)[1]. M. Georges Boulangé, qui manie avec un égal succès la plume et le crayon, ces deux instruments sans lesquels il n'est point d'antiquaire complet, a reproduit les tombes des sires de Créhanges, alliés aux Rhingraves. Des inscriptions, des dates, des armoiries, les lui ont fait connaître, et ont servi à guider M. Arthur Benoît dans ses recherches sur la pierre tombale de Fénétrange.

Ce dernier monument, sans inscriptions et sans dates, était complétement oublié ; de ses écussons un seul avait en partie échappé au vandalisme, et il ne pouvait être blasonné de nouveau qu'à l'aide de son timbre. C'est l'écu fascé de deux pièces, placé aux pieds du chevalier et à sa droite ; par conséquent celui du deuxième quartier paternel, l'aïeule d'Otto.

Les armes propres des comtes d'Isenbourg sont d'argent, à la fasce de sable de deux pièces, et le timbre consiste en un vol chargé des fasces de l'écu.

---

1. M. Georges Boulangé. Notes pour servir à la Statistique monumentale du département de la Moselle.

Or, une Isenbourg ayant épousé un Wild et Rhingrave,[1] d'après les règles de l'art héraldiques, les armes de ce dernier devaient se trouver près de l'épaule droite, afin de reproduire les armes propres et le premier quartier généalogique du Rhingrave Otto.

Les Wild et Rhingraves portent écartelé :

Au 1 et au 4 de sable à un léopard d'argent, à queue fourchue, armé et lampassé de gueules, qui sont les armes propres des Wildgraves ;

Au 2 et au 5 d'or à un lion rampant de gueules, armé, couronné et lampassé d'azur, qui sont les armes propres des Rhingraves ;

Et sur le tout de 5 quartiers, parti au 1 de gueules, à 3 lions rampants d'or 2 et 1 pour Kyrbourg ;

Au 2 de gueules semé de croisettes d'or, d'autres disent d'argent, recroisettées de même, à 2 saumons adossés d'argent, pour le comté de Salm ;

Coupé au 5 d'azur à une fasce d'argent pour la seigneurie de Fénétrange.

L'écu est timbré de trois casques ouverts :

Le 1, pour Kyrbourg, est couronné et surmonté d'un vol de sable chargé des trois lions du premier quartier sur le tout ;

Le 2, qui est le timbre des Wild et Rhingraves, est couronné d'un bonnet de sable, doublé de gueules, paré de deux larges aigrettes de plumes d'argent ;

Le 5, pour Fénétrange, est couronné et surmonté d'une tête de brac d'azur, chargé au col d'une fasce d'argent paré par derrière, le long du col, de quatre houpettes de plumes de paon d'espace en espace.

1. Jean VII marié à Anne d'Isenbourg. V. Moréri. Art. Rhingrave.

Les lambrequins sont : pour le 1 d'or et de gueules ;

pour le 2 d'argent et de gueules ;

pour le 3 d'argent et d'azur.

Ces armes, communes aux diverses branches de la maison des Wild et Rhingraves, avaient pour cimier principal le bonnet de Salm, dont la forme a constamment varié, et qui était surmonté, soit de houpettes ou aigrettes de plumes, soit de cornes[1] ; elles avaient aussi la tête de brac de Fénétrange et le vol de Kyrbourg. Lequel de ces signes héraldiques se trouve reproduit à la droite d'Otto et a échappé à la pioche de 93? C'est ce qu'il est difficile de distinguer, le vandalisme s'étant attaqué principalement aux armes propres des Wild et Rhingraves.

On vient de voir quelles étaient les armes de Jean VII et de Jean VIII, l'aïeul et le père d'Otto. Quant à celles de sa mère, nous les retrouvons au premier quartier maternel, c'est-à-dire vis-à-vis de celles des Wild et Rhingraves, à la hauteur de l'épaule gauche.

En effet, Jean VIII avait épousé une Hohenloh, dont les armes propres sont : d'argent à deux léopards rampants de sable, armés, membrés et lampassés de gueules ; le timbre consiste en un casque fermé, couronné et surmonté d'une aigle d'argent aux ailes esployées, issant d'un jet de flammes au naturel.

Quant au 4e écu, le deuxième de la lignée maternelle d'Otto, c'est celui qui est placé à ses pieds, vers sa gauche ; il nous représente les armes propres des comtes de Soulz en Souabe (Ritterhusius) : d'argent à l'emmanchure de

---

1. Arch. dép. — V. les sceaux des comtes de Salm appendus à un titre de 1378 (L. Salm, 177). On y retrouve les sceaux de Jean IX et de Paul, contemporains du Rhingrave Otto.

gueules de trois pièces. Si ces armes ne paraissent pas avoir été surmontées de la mitre aux armes de l'écu , c'est que sans doute les Rhingraves, devenus seigneurs protestants , ne voulurent pas laisser un emblème héraldique rappeler qu'un de leurs ancêtres avait été voué ecclésiastique.

En résumé, les recherches généalogiques viennent confirmer la description du pennon du Rhingrave Otto et lui donnent pour le premier degré :

Jean VIII mort en 1548, après avoir épousé Anne de Hohenloh (1520—1594). (Wild et Rhingrave.)

Au 2ᵉ degré : Jean VII, le second fils de Jean VI et le fondateur de la branche cadette des Rhingraves, dite de Kyrbourg, mort en 1531, après avoir épousé Anne, fille de Philippe comte d'Isenbourg, morte en 1557. (Isenbourg.)

Du côté maternel, au second degré, Georges, comte de Hohenloh, mort en 1551, après avoir été marié à Praxède, fille de Rodolphe, comte de Soulz, morte en 1525 (Soulz), dont il eut Anne, ci-dessus mentionnée. (Hohenloh.)

Ces armoiries ont été lithographiées d'après un armorial de 1657, intitulé : *Des h. Reichs erneuestes und vermehrtes Wappen-Buch*[1] ; seulement nous n'avons reproduit que les armes propres des alliances; les heaumes tournés en tiers point, d'argent, et treillissés d'or, devraient être surmontés de la couronne de comte , mais il n'en est pas ainsi dans le *Wappen-Buch.* Au pennon généalogique, nous avons ajouté un *fac simile* de la signature d'Otto (22 mai 1599), tirée des Archives départementales.

Si les armoiries sont des dates positives , il n'en est de

1. Livre d'Armoiries du Saint Empire romain. (Bibliothèque de Nancy.)

même, ni des costumes, ni des armures, et l'on en voit ici un exemple, l'armure d'Otto se rapprochant plus du règne de Henri II que de celui de Henri IV, quoique ce fût sous le règne de ce dernier qu'il mourut (1607).

Malgré cet anachronisme, son identité ne saurait être contestée, car elle est parfaitement établie par des armoiries qui ne sauraient concerner qu'Otto; ses deux autres frères, Philippe-Albert et Wolfgang, morts en bas-âge, suivant Moréri, ne sont même pas mentionnés dans l'histoire de la maison des Wild et Rhingraves.

Nous ne nous arrêterons pas à combattre une opinion qui voulait que ce personnage fût le même que celui dont on voit le tombeau dans l'église de Munster : aucune analogie n'existe entre Otto et Wilhelm de Dorsweiler, ni par le costume, ni par les armoiries, ni par la pose; celle de Wilhelm, consacrée par l'usage des chevaliers du moyen âge, représentés sur leurs tombes, couchés ou à genoux, les mains jointes, dans l'attitude de la prière, diffère complétement de l'attitude belliqueuse du Rhingrave Otto, représenté au contraire debout, la main sur la garde de son épée.

Une autre opinion paraissait plus fondée; elle s'appuyait sur un passage du P. Anselme[1], qui rapporte, dans son histoire des grands officiers de la couronne, que Charles-Philippe de Croy, marquis de Havré, étant mort en 1613, son corps fut déposé à Fénétrange, et son cœur, aux Jacobins de Louvain. Nous avions cru reconnaître dans les raies horizontales qui soutachent la jaquette du Rhingrave, les fasces des Croy; mais, quand le bas-relief eut été en-

1. Le P. Anselme. Hist. des gr. offic. de la couronne. T. VII, p. 645.

tièrement débarrassé de la mousse épaisse qui le recouvrait entièrement, un examen attentif, nous permit de constater que ces fasces, chargées de moulures, n'avaient rien d'héraldique. D'ailleurs, Charles-Philippe eût eu pour pennon généalogique du côté paternel : Croy et Châteaubriand ; et du côté maternel : Lorraine et Bourbon ; ces quatre quartiers n'ont aucun rapport avec l'aigle issant de Hohenloh, les deux fasces d'Isenbourg et les emmanchures de Soulz, que l'on distingue parfaitement sur la pierre dont nous venons de faire la description.

Otto fut-il nommé chevalier de l'ordre de Saint-Michel? Nous le croyons; car il ne laissa pas son épée dans le fourreau, alors que deux générations de Rhingraves cherchaient, en se distinguant sur le champ de bataille, à conquérir la faveur du prince, et que ses cousins obtenaient du roi de France des récompenses justement méritées.

L'étude du monument de Fénétrange et du personnage dont il rappelle le souvenir nous a conduit à faire de longues recherches sur Otto de Kyrbourg et sur les autres Rhingraves, ses contemporains, bien qu'une foule de circonstances de leur vie agitée soient restées enveloppées de doutes, et que le lieu et la date de leur naissance et de leur mort aient souvent été incertains, même pour leur historiographe officiel[1].

---

1. V. un livre allemand assez rare : Kurzgefasste geschichte des Wild-und-Rheingraflichen Hauses... Mannheim, mit akademischen schriften. 1769. s. n. d'auteur, in-folio de XXXI et 519 F. plus les tables, deux généalogies et des sceaux gravés sur le titre. Nous aurons plusieurs fois occasion de citer cet ouvrage important, quoiqu'il ne s'occupe particulièrement que des affaires domestiques des Rhingraves et qu'il ne paraisse avoir vu le jour, qu'à l'occasion de difficultés soulevées entre les différentes branches de cette famille.

II.

Les Wildgraves (en allemand comtes sauvages) rési-
daient à Kyrn, petite ville sur la Kyre, dominée par le
château de Kyrbourg, et les Rhingraves (comtes du Rhin)
étaient originaires de Rheingraffenstein ou Stein, d'où ils
tirèrent leurs noms[1]. Le pays qu'habitaient ces deux familles, autrefois séparées, était situé dans le Palatinat, entre les électorats de Trèves et de Mayence, et on le
désignait sous le nom de Nahegau, parce que la Nahe,
petite rivière qui se jette dans le Rhin à Bingen, le tra-
verse de l'ouest à l'est.

Dans le xve siècle, les Rhingraves ayant hérité des
Wildgraves par les femmes, ces deux maisons prirent les
mêmes armes et se confondirent dans une famille, dont les
principales branches se sont continuées en Allemagne
jusqu'à nos jours[2].

Les chroniqueurs se servent indistinctement du terme
de comtes sauvages du Rhin, Ringraves, seigneurs de
Rheingraff, wild-und-Rheingraffen, etc. Du mot Wald-
graves (comtes des forêts), ils firent Wildgraves (comtes
sauvages); mais, dans les titres latins, l'orthographe primi-
tive a prévalu, et l'on dit toujours : *Comes Rheni et Sil-
varum*, ou *sylvestris*.

1. V. Kurzgefasste geschichte des Wild und Rheingraflichen hauses. Mannheim. 1768. P. 2 et 27.

2. V. Bouillet, Dict. univ., art. Salm — V. Mém. de l'Académie
de Metz, 1842, p. 182.

Le but de cette notice n'est pas de retracer l'histoire d'une famille aujourd'hui princière, dont l'origine se perd dans la nuit des temps ; mais d'indiquer comment les Rhingraves se trouvèrent mêlés aux guerres terribles qui ensanglantèrent le règne des Valois, et aux mouvements religieux qui agitèrent leurs états du Westrich pendant les troubles de 1565.

De riches alliances les avaient amenés sur les confins de la Lorraine : Jean V[1], wild et rhingrave de Dauhn et de Kyrbourg, en épousant, en 1469, Jeanne, fille de Simon, comte de Salm, et de Jeanne de Rotzlar, avait acquis la moitié du comté de Salm, et les seigneuries de Langenstein (Pierre-Percée), Moerchingen (Morhange) Puttlingen (Puttelange), Varnsberg et Rotzlar. Jean VI, son successeur en 1495, par son mariage avec Jeanne, fille de Nicolas, comte de Saarwerden, et de Barbe de Fénétrange, la fille du maréchal Jean, était devenu maître d'une partie de la baronnie de Fénétrange, de Diemering, Eingenweiller (Ogéviller), Neufviller et d'autres biens situés en Lorraine. Ce fut alors qu'il écartela les armes des Wild et Rhingraves de Fénétrange, qui, avec celles des Salm, devinrent communes à tous les Rhingraves : nous les avons blasonnées dans la première partie de cette notice.

Jean VI, mort en 1499, laissait sous la tutelle de Jeanne de Saarwerden deux fils mineurs, Philippe et Jean VII, qui se partagèrent les biens de leur père en 1512 et firent les deux branches de Dauhn et de Kyrbourg. Philippe,

---

1. Moréri fait mourir Jean V en 1491 et Jean VI en 1449 : nous avons pu, à l'aide de la version de l'annaliste des Wild et Rhingraves, rectifier ces différentes erreurs, provenant sans doute de fautes d'impression, et constater que, sauf ce qui concernait les dates, l'article Rhingrave avait été fait avec soin. — V. les tables de Iohann Hubner. — Spencrus. — Ritterhusius. — Imhof. — Wild und Rheingr. passim.

l'aîné, eut dans son lot Dauhn, Salm, Pierre-Percée, Baltzweiller[1], Ogéviller, Neufviller et Grumbach ; les autres terres et seigneuries furent comprises dans le lot de Jean VII : Kyrbourg, Wildenbourg, Troneck, Morhange, Puttelange, Diemering et Amance. Quant à la partie rhingravienne de la baronnie de Fénétrange, elle dut rester perpétuellement indivise entre les deux branches.

Philippe avait épousé Antoinette de Neufchâtel ; il mourut en 1520 et fut enterré dans l'église de Saint-Johannisberg, près de Dauhn, lieu de sépulture des Rhingraves de la branche aînée ; Kyrn fut celui de la branche cadette.

De ses deux fils, Philippe-François et Jean-Philippe, un seul lui succéda : ce fut Philippe-François l'aîné, qui épousa Marie-Egyptienne comtesse d'Oettingen, et mourut en 1561 ; le second mourut en 1566.

La branche de Dauhn se subdivisa en plusieurs rameaux : Jean-Philippe, fils aîné de Philippe-François, mourut en 1569, sans descendants mâles ; mais Frédéric, le second, fut le chef d'une nombreuse lignée et la tige des princes de Salm ; il mourut en 1608. Ces deux personnages, ainsi que leur père, figurent dans le récit des événements qui font le sujet de cette notice, ayant constamment été en communauté d'intérêt avec Otto de Kyrbourg, leur cousin, dont nous avons décrit le monument funèbre, ainsi que le pennon généalogique.

Jean-Christophe, le troisième fils de Philippe-François, mort en 1585, fut le chef de la branche de Grumbach, et Adolphe-Henri, mort en 1606, fut celui de la seconde branche de Dauhn[2].

1. Dom Calmet écrit Phaltz-veiller. Pfaltzweiller, ville du palatin, était le nom allemand de Badonviller.

2. Pour les autres enfants de Philippe-François, v. Moréri, art. Rhingr.

Par cette nomenclature, on voit que les terres et seigneuries des Rhingraves, contiguës à la Lorraine, occu-
paient un espace compris entre les forges de Frâmont, au
pied du Donon, et le comté de Nassau-Saarbruck; qu'elles
étaient limitrophes des états du duc de Lorraine et de
ceux du comte de Deux-Ponts-Bitche.

Leurs domaines comprenaient, outre les fiefs sous la
mouvance immédiate de l'empereur et sous la suzeraineté
de l'électeur-palatin, des terres, comme Ogéviller, Neufviller, Amance, qui étaient enclavées dans le duché de
Lorraine et relevaient des ducs. L'évêque de Metz, seigneur spirituel, élevait de son côté des prétentions, ap-
puyées au besoin par le canon de son château d'Albestroff,
enclave de son temporel, entre Morhange et Fénétrange[1].

La baronnie de Fénétrange, à son tour, était subdivisée
en quatre seigneuries distinctes : la seigneurie commune,
la seigneurie de Schwanhals ou de Col-de-Cigne, la seigneurie de Brackenkoff ou de Tête-de-Brac, et la seigneurie de Géroldseck. En dépendaient en outre : Munster,
franc-alleu d'Empire, et des terres situées en Lorraine,
telles que Gosselming, Mulcey, Maizières, etc.

Nous avons dû rechercher avant tout par quels moyens

1. Morhange, Salm et Fénétrange étaient trois terres d'Empire ;
on a contesté à cette dernière sa qualité de franc-alleu ; sans rechercher quelle fut l'origine des liens de vassalité qui la pouvaient rattacher aux évêques de Metz et aux dames de Remiremont, nous cons-
taterons que les titres du xvie siècle n'en font plus mention. Quant
au spirituel, Büst était le seul village de la baronnie qui relevât de
Strasbourg, Wolfskirch ayant été réuni à la mense capitulaire du chapitre de Fénétrange en 1464. On voit dans une forêt, près du village
de Hambach (arrondissement de Saverne), une borne où aboutissaient
encore, au siècle dernier, trois seigneuries différentes : le comté de
Nassau-Saarbruck, celui de la Petite-Pierre aux comtes Palatins du
Rhin, et la seigneurie de Diemeringen, dépendant de la baronnie.

et à la faveur de quels événements, les Rhingraves étaient
parvenus à établir, dans leurs domaines ainsi morcelés,
mal reliés entr'eux, soumis à plusieurs seigneurs communs,
un pouvoir qu'ils firent respecter de leurs puissants voisins.

Au milieu du xvie siècle, les liens de vassalité s'é-
taient singulièrement relâchés, et presque tous les seigneurs
séculiers du cercle du Rhin, le cinquième, suivant Mercator[1], étaient en guerre plus ou moins ouverte avec l'empereur, s'alliant entr'eux et avec les étrangers pour la
défense commune. La diète d'Augsbourg, de 1555, avait
reconnu aux princes de l'Empire le droit de régler dans
leurs états ce qui est relatif à la religion. Nous verrons
plus loin que cette loi, qui brisait l'antique lien de la
nationalité germanique, fut invoquée, en 1584, sous le nom
de Reich's constitution et Religion's Friden dans le traité
qui fut pour les Rhingraves le triomphe de leur politique à
Fénétrange[2]. Loin de chercher à remédier à un tel état
de choses, l'empereur Maximilien II, qui avait succédé à
son père en 1564, avait encore confirmé les libertés et fran-
chises de la chevalerie de la Basse-Alsace[3]. La plupart des
familles nobles s'étaient mises au service des comtes Palatins, du Wurtemberg, du Hanau, et même de la ville de
Strasbourg, s'affranchissant de plus en plus de l'autorité
impériale ; elles ne tardèrent pas à partager les opinions
religieuses des états de l'Empire auxquels elles s'étaient
attachées, et elles s'efforcèrent à leur tour d'implanter les
mêmes opinions religieuses dans les communes où elles
exerçaient leurs droits seigneuriaux. Il n'en fut pas ainsi

1. Alsatia inferior, quintus circulus imperii, est Rheni. p. 262.
2. V. Arch. dép. Coll. de Fénétr. 10e l., n° 255. (Brochure allemande).
3. V. Schœpflin, Als. illust., t. II, p. 680.

dans la Haute-Alsace, les familles nobles étant restées fidèles à l'empereur[1].

La plus puissante famille appartenant au cinquième cercle de l'Empire, dont les Rhingraves faisaient partie, était celle des comtes Palatins du Rhin ; les premiers, ils s'efforcèrent d'introduire la réforme dans leurs états d'Alsace, et jusqu'aux confins de la Lorraine. Le chef de la maison résidait à Heidelberg : c'était, en 1563, l'électeur Frédéric III, celui qui envoya au secours des réformés de France son second fils, Jean-Casimir, et son parent, le Palatin Wolfgang, duc de Bavière, comte de Deux-Ponts. Un autre Palatin, Georges-Jean, duc de Bavière, comte de Veldentz et de Lutzelstein (la Petite-Pierre), tolérant dans ses états les prédicants luthériens et calvinistes, avait attiré sur les frontières de la Lorraine une foule de réfugiés français et allemands. Il leur bâtit, en 1570, avec la permission de l'empereur Maximilien II[2], une ville à laquelle il donna son nom et dont il fit sa résidence. « Nous voulons,
» est-il dit dans la charte de fondation[3], faire munir l'é-
» glise de notredite ville nouvelle, d'un bon prédicateur
» chrétien et exemplaire, toutefois à proportion de la com-
» munauté, pour que la parole de Dieu puisse y être prê-
» chée pure, claire, simple et sans fraude, suivant les
» écritures des prophètes et des apôtres et en vertu de la
» confession d'Augsbourg, présentée par les alliés à Char-
» les-Quint, l'an 1530 · que les sacrements soient servis

1. V. le vicomte de Bussières, Hist. du développement du protestantisme, t. II, p. 274.

2. Les diètes de l'Empire n'avaient pas reconnu les sacramentaires, calvinistes, zwingliens, etc.

3. V. les Communes de la Meurthe, par M. Henri Lepage, t. II, p. 275.

» suivant les commandements de Dieu, avec les cérémo-
» nies de l'église très-chrétienne, et suivant l'exemple de
» saint Paul. » Il finit par y établir deux ministres, l'un
appartenant à la confession d'Augsbourg, l'autre au culte
réformé.

Les couvents de cette partie du Westrich, Lixheim et
Krauffthal, avaient été ruinés et abandonnés[1], et ce qui en
restait sécularisé. Sur les débris de celui de Lixheim, le
Palatin jeta les fondements d'une ville où se retirèrent les
religionnaires que l'on avait expulsés de la Lorraine. La
petite ville prospéra, et, en 1608, l'électeur Frédéric V
l'entourait de murailles et y établissait un temple, avec un
ministre calviniste, un maitre d'école, des bourgmestres,
devant connaitre les deux langues allemande et française[2].

Quelques sujets de l'électeur Palatin, restés fidèles à
la foi antique, obtinrent, en 1614, du duc de Lorraine
Henri, les terrains où s'éleva le village de Henridorf[3]. Celui
de Saint-Louis, bâti dans des circonstances analogues,
reçu son nom de Louis, prince de Lixheim[4].

Le Palatin Georges-Jean, dont nous venons de parler,
fut surnommé *l'Ingénieur* ; il avait étendu ses domaines
jusqu'à la partie la plus sauvage des Vosges, au pied du
Donon, et fait un traité avec le comte de Salm, Jean IX, et
le rhingrave Frédéric, au sujet de la réparation des che-
mins du Val d'Allarmont au Ban de la Roche, dont il avait
acheté la seigneurie, en 1584, à un Ratsamhausen-zum-

1. (1554) V. Dom Calmet, Notice. — V. l'État du temporel, par
Rice. 1707. Arch. dép.

2. V. Comm., t. II., p. 603.

3. Ils étaient quatorze bourgeois d'Archeviller (notes ms. de M. l'abbé
Meyer).

4. V. Comm., art. Saint-Louis.

Stein, moyennant 47,000 florins[1]. Il propagea les nouvelles doctrines dans ses nouveaux domaines, ainsi qu'il l'avait fait dans le comté de la Petite-Pierre, à l'exemple des Linanges (Leiningen), dans leur comté de Dagsbourg[2].

Les comtes de Hanau, qui avaient acquis des domaines considérables dans la Basse-Alsace, tentèrent, dès 1525, d'y introduire la réforme. L'un d'eux, Philippe V, épousa l'héritière du dernier comte de Deux-Ponts-Bitche, lequel mourut en 1570. En 1450, Philippe V avait fait une entreprise sur l'abbaye de Stultzbronn ; mais elle ne fut pas couronnée de succès. En revanche, en 1562, il parvint à expulser les chanoines de l'église de Neuviller et contribua puissamment à l'affermissement du protestantisme dans la vaste seigneurie de Lichtemberg. Ce fut à cause de sa félonie, dit Dom Calmet, que le duc de Lorraine réunit, en 1571, la terre de Bitche à son domaine.

Cette mesure sévère n'arrêta pas un allié des Rhingraves, Philippe de Dauhn, comte de Falkenstein et d'Oberstein, et en 1582, il abolissait la religion catholique dans ses terres[3].

Morhange, Diemering et Salm, qui appartenaient en partie aux Rhingraves, partagèrent, en 1554, le sort de leurs possessions palatines ; dans la terre de Salm, l'hérésie fit des progrès sans que le comte Jean IX, coseigneur avec le Rhingrave Frédéric, cherchât à les arrêter ; et, après sa mort les religionnaires, passés successivement du protestantisme au calvinisme, parvinrent à construire un prêche à Badonviller, en 1612[4].

Des événements analogues se passèrent dans le Nassau,

1. De Bussières, Hist. du protest., t. II. p. 263.
2. V. Beaulieu, Hist. du comté de Dabo.
3. Les terres et seigneuries de Bitche et de Falkenstein relevaient du duc de Lorraine. V. Dom Calmet, art. Bitche, Falkenstein, passim.
4. V. Comm., t. 1, p. 78.

au nord de la seigneurie de Fénétrange : Adolphe, comte
de Nassau-Saarbruck, y possédait le comté de Saarwerden. Il s'empara des biens de Herbisheim[1], dont l'abbaye
avait été saccagée par les Rustauds ; les religieuses s'enfuirent, et, dès 1557, on ne trouvait plus un seul prêtre dans
le comté de Saarwerden.

Les collégiales de Bouquenom et de Saarwerden avaient
été supprimées auparavant, de même que celle de Dom-
fessel, où Mélanchton était venu prêcher le 19 novembre
1522. M. Kleck, notaire apostolique et curé de Herbisheim
en 1775, rapporte que le célèbre réformateur se rendit
ensuite dans l'abbaye de Herbisheim même, et qu'il con-
vertit toutes les religieuses, sauf deux qui s'enfuirent à
Saint-Nabor, à la suite de conférences qui eurent lieu dans
une cense au milieu des forêts, connue sous le nom de Lu-
derhoff[2].

En communiquant de Herbisheim avec Dieuze, les Rustauds avaient trouvé des partisans à Lhor, Munster et
Wiberswiller ; les seigneurs les ayant désarmés, après la
victoire remportée par le duc Antoine, un des meneurs eut
la tête tranchée, et tout rentra dans le devoir (1525)[3].

La petite seigneurie de Dorsweiller (Torcheville) appartenait à MM. de Créhanges (Griechingen) seuls et pour
le tout en haute justice, moyenne et basse[4] ; l'un d'eux,
ayant adopté la réforme, la collégiale de Munster, sur laquelle il avait des droits de patronage, fut abandonnée par
les chanoines qui, malgré la confirmation des droits et

1. V. Arch. dép. Reg. des rentes du bailliage d'Allemagne, par
Thierry Alix.
2. Notes ms. de feu M. l'abbé Meyer. Hist de la baronnie.
3. V. Arch. dép., Papier des noms des paysans luthériens du
bailliage d'Allemagne. 1525.
4. V. Comm., art. Torcheville. Georges II de Créhanges (1560)
épousa Esther, sœur d'Agnès de Mansfeld.

usages du chapitre, donnée par Jean **VIII** de Salm en
1537[1] embrassèrent le luthéranisme et se retirèrent en
Allemagne[2]. Vers 1569, il en serait encore resté un, selon
le président Alix, qui rapporte ce fait comme un on dit
très-vague[3].

Si la châtellenie d'Albestroff avait résisté, c'est qu'elle
faisait partie, ainsi que nous l'avons vu, du temporel de
l'évêque de Metz ; toutefois, ce dernier avait été obligé
d'employer la force pour remettre sous son obéissance
les habitants, poussés à la révolte et à l'hérésie, en 1567,
par son bailli, Pierre Salcédès[4], gouverneur de Marsal.

Les Lutzelbourg, seigneurs de Sarreich, gouverneurs de
Sarrebourg pour l'évêque de Metz, parvinrent à y mainte-
nir l'autorité du prélat, puis celle du duc Charles III,
quand la ville eut été cédée à ce dernier, le 25 février 1561,
par le cardinal de Lorraine[5].

La réforme, refoulée avec les Rustauds, auxquels s'é-
taient joints les paysans révoltés des comtés de Créhanges,
de Salm, de Deux-Ponts, de Bitche, du Nassau et de la
baronnie de Fénétrange[6] (1525), reparut de nouveau en
Lorraine, avec les reîtres et les lansquenets de Guillaume,
comte de Fürstemberg, qui appela à leur suite Guillaume
Farel (1542)[7]. Plus tard, vinrent les troupes allemandes,
qu'amenait au siége de Metz Albert, marquis de Brandebourg, et elles répandirent sur leur passage de nouveaux

1. V. Comm., art. Munster.
2. V. M. A. Digot, Hist. de Lorr., t. IV, p. 204.
3. V. Arch. dép. Thierry Alix. Reg. des rentes du bailliage d'Allemagne. 1569. — V. le Pouillé du diocèse de Metz.
4. V. Comm., t. II., p. 8. — V. Meurisse, év. de Madaure., Hist.
de l'hérésie.
5. V. Comm. — V. Statistique de la Meurthe, art. Sarrebourg.
6. Arch. dép., Papier des noms des paysans luth. (1525.)
7. Nimsgern, Hist. de la ville et du pays de Gorze, p. 85 et suiv.

germes de fermentation religieuse[1]. En 1552, un ministre
calviniste prêchait, dans l'intérieur du duché, à Saint-
Nicolas-de-Port, au milieu de Français et d'Allemands,
qu'y attirait une foire célèbre, et qui, à l'aide de sauf-
conduits, communiquaient librement avec les villes qui
avaient adopté les principes de la réforme : Strasbourg
Metz, Bâle, Genève. Malgré la rigueur des ordonnances,
les idées nouvelles se répandirent avec rapidité et gagnè-
rent non seulement les gens du peuple, mais aussi quelques-uns des membres de l'ancienne chevalerie lorraine ;
ceux-ci s'étant réunis en 1564, demandèrent à être autorisés, eux et leurs vassaux, à professer ouvertement leur culte
sans avoir à redouter les peines sévères édictées contre les
religionnaires. La prudence de Charles III sut déjouer ces
diverses tentatives, qu'appuyaient plusieurs princes allemands[2].

A voir l'agitation religieuse qui régnait alors, on est
amené à se demander quelle prudente politique retenait
les Rhingraves et les empêchait d'imiter, dans la baronnie
de Fénétrange, les autres seigneurs du cercle du Rhin ?
Peut-être redoutaient-ils l'intervention du duc de Lorraine
et ne se sentaient-ils pas assez assurés de l'appui du roi
de France, leur protecteur, pour hasarder une mesure
odieuse aux autres coseigneurs, les Landsberg, les Salm,
tous zélés catholiques, qui, de même que la jeune Diane
de Dommartin, avaient une part dans la baronnie.

Profitant de la faiblesse et de la division des sires de
Fénétrange, les ducs de Lorraine avaient, de tout temps,

1. V. M. Gravier, Hist. de Saint-Dié, p. 224.
2. V. Comm., t. II., p. 483.—M. Aug. Digot, Hist. de Lor., t. IV,
p. 205 et suiv.

cherché à faire valoir des droits de suzeraineté sur leurs turbulents voisins ; à la suite de la guerre du duc de Bourgogne, René II s'était emparé des biens d'André d'Haraucourt, marquis de Brandebourg, un de ses grands vassaux, coseigneur de Fénétrange, et il l'avait ainsi puni de sa félonie[1]. Diverses acquisitions avaient accru le pouvoir des ducs et achevé de briser la barrière féodale qui séparait le duché de la baronnie, terre d'Empire[2].

Cependant Charles III ne crut pas devoir intervenir et profiter de l'antagonisme des deux partis, pour faire triompher celui du Landsberg et des Salm ; il ne voulut pas rompre une neutralité, qu'il s'efforçait d'observer strictement, et attaquer les alliés de Charles IX. Il craignit de s'attirer la vengeance du roi de France, qui avait pris, comme Henri II, le titre de vicaire de l'Empire, et voyait avec un profond mécontentement son beau-frère ne pas marcher à son secours, comme les Rhingraves et les autres colonels allemands, contre les huguenots en révolte avec l'autorité royale[3].

L'inaction de Charles III fut favorable aux Rhingraves et facilita l'exécution de leurs projets, surtout quand ils eurent acquis la prépondérance dans les affaires de la baronnie, par le mariage de Jean-Philippe, en 1566, avec Diane de Dommartin, l'héritière des Lamarck.

Mais, avant d'exposer le plus intéressant des faits qui se rattachent à l'histoire de Fénétrange[4], quelques détails biographiques sont nécessaires pour rendre la physionomie

1. V. Commentaires sur la chronique de Lorraine, par M. H. Lepage. Mém. de la Société d'Arch. lorr., 1859.
2. V. Comm., t. I., art. Fénétrange.
3. V. Dom Calmet, Hist., t. II., p. 192 et suiv.
4. V. Comm., t. I., p. 348

si peu connue des Rhingraves, et servir à l'intelligence du récit des troubles de 1563.

Philippe-François, comte sauvage du Rhin, de Salm et de Dauhn, baron en partie de Fénétrange, etc, fut le premier des Rhingraves qui adopta la réforme. Baptisé dans la chapelle de Dauhn, le 4 juillet 1518, par l'abbé de Saint-Maximin de Trèves, il eut pour parrain le fameux François de Sickingen[1].

La faveur qu'il parvint à acquérir près de Henri II, qui le nomma chevalier de l'ordre de Saint-Michel[2], fut non moins utile à l'élévation de sa maison, que le titre de conseiller privé de l'électeur Palatin et de l'électeur de Trèves[3].

En 1552, ses sympathies pour les nouvelles doctrines l'ayant fait soupçonner par Charles-Quint d'avoir favorisé l'électeur Palatin, et facilité la prise de Trèves par les lansquenets d'Albert, marquis de Brandebourg, il parvint à se justifier à la suite de l'enquête ordonnée à ce sujet.

C'est à tort que l'on a prétendu que Philippe-François avait embrassé le calvinisme, et cette opinion, soutenue par un historien moderne, n'est pas appuyée par le témoignage de l'annaliste de la maison des Rhingraves, qui nous apprend qu'en 1561, le 28 janvier, la mort surprit Jean-Philippe au couvent évangélique de Naumbourg, en Thuringe[4], où les princes protestants s'étaient assemblés pour signer une seconde fois la confession d'Augsbourg et la présenter à l'empereur Ferdinand Ier. Nous verrons que le rhingrave Otto, qui succéda à Philippe-François dans ses

1. V. Wild. und. Rhingr., p. 106.
2. V. Wild. und. Rhingr.
3. V. Wild. und. Rhingr., p. 118.
4. V. Wild. und. Rhingr., p. 123.

fonctions de sénior, vécut jusqu'en 1607, en restant fidèle aux opinions religieuses que le célèbre Wolfgang Musculus avait contribué à propager dans la baronnie de Fénétrange, à l'aide de ses relations intimes avec les hauts officiers (baillis) des Rhingraves, pendant qu'il résidait au couvent de Lixheim, vers 1554[1].

Quoique la confession d'Augsbourg eût été établie à cette époque dans le Rhingraviat, cependant les catholiques de Fénétrange ne furent pas troublés dans l'exercice de leurs droits, et les chanoines de la collégiale purent vendre, en 1561, avec faculté de rachat, les cures et dîmes de Vintrimont et d'Abaucourt[2] au comte de Vaudémont, Nicolas, marquis de Nomeny, moyennant 5,000 florins, dont la rente leur était encore payée quand ils furent exilés à Donnelay, sous le successeur de Philippe-François, Jean-Philippe, son fils aîné.

Ce dernier, quoique fort jeune (il était né le 30 septembre 1545), avait continué les négociations et les levées de reitres pour le roi de France, de concert avec son oncle, qui s'appelait aussi Jean-Philippe. Ils étaient l'un et l'autre barons de Fénétrange, comtes de Salm, en sorte qu'il est difficile de décider lequel eut des difficultés avec les moines de Senones, leur imposa la contribution impériale[3] et fut soutenu dans ses empiétements sur la juridiction abbatiale par Jean IX, comte de Salm, maréchal de Lorraine et gouverneur de Nancy, qui, par le mariage de sa sœur, veuve de Balthazard d'Haussonville, fut allié à Dandelot,

1. Hist. ms. de M. l'abbé Meyer. Vofgang Musculus, né à Dieuze en 1497, mourut à Berne en 1563.

2. V. Comm., t. I., p. 1.

3. V. M. Gravier, Hist. de Saint-Dié.

colonel-général de l'infanterie française, un des chefs les plus fougueux du parti protestant[1].

Cependant on peut présumer que ce fut le jeune Rhingrave, alors que son oncle était au siége de Malte, qui se rendit acquéreur du prieuré Saint-Léonard, que deux seigneurs de Fénétrange avaient fondé au xiiie siècle. Au moment où les biens ecclésiastiques étaient déjà menacés, en 1565, le chapelain titulaire de la troisième prébende, Dominique Husson, doyen de la collégiale Saint-Nicolas de Munster, voyant le prieuré tomber en ruine, parce que depuis longtemps personne ne le voulait plus habiter, ses revenus étant insuffisants pour y faire subsister un religieux, acensa, le 13 avril, au Rhingrave, par bail emphythéotique, le prieuré, les terres arables et dépendances ; il y fut autorisé par Dom Jean de Saussure, prieure d'Amange (Insming), collateur en partie de la troisième prébende, qui se décida, le 13 octobre suivant, à vendre le tout moyennant 12,000 francs, monnaie de Lorraine[2].

On a signalé Jean-Philippe, le jeune Rhingrave, comme celui qui prit la part la plus active aux événements de 1565 ; cependant il ne fut pas le chef du parti, et les champs de bataille eurent pour lui plus d'attraits que les controverses religieuses. Colonel de reîtres, il cédait le pas à Otto, qui, depuis 1561, était devenu le plus ancien de la maison et avait été, en cette qualité, investi du séniorat, fonctions patriarcales, en vertu desquelles il recevait l'in-

1. Le contrat de mariage fut passé le 27 août 1564, au château d'Essey, près de Nancy.

2. V. Arch. dép., Coll. de Fénétr. Un mémoire de la fin du xviiie siècle met en doute l'existence du prieuré ; le Rhingrave Jean-Philippe, étant catholique, n'a pu violenter le prieur, etc.

vestiture de l'empereur (21 août 1570 et 21 juin 1594), faisait ses reprises pour les terres qu'il tenait en fief, au nom des autres Rhingraves, dans le pays de Trèves (1565) et dans le Palatinat (2 mars 1585 et 9 avril 1593)[1]. Enfin, la qualité de sénior attribuait à Otto la collation des cures et la priorité sur ses cousins de la branche aînée pour les affaires domestiques.

Le droit d'aînesse et la loi salique n'étaient pas connus dans le Westrich ; il en résultait des contestations sans cesse renaissantes et des morcellements de seigneuries qui affaiblissaient le pouvoir en le divisant à l'infini. Pour remédier à un état de choses aussi désorganisateur, les Rhingraves avaient pris entr'eux divers arrangements dont le plus célèbre, connu sous le nom de pacte de famille, fut adopté par les Dauhn et les Kyrbourg après avoir été signé par Philippe-François et son frère Jean-Philippe, « la veille de la penthecoste 1545 ». Nous en avons vainement cherché le texte aux Archives, quoiqu'il en soit plusieurs fois question[2]. Voici celui que donne en français l'historiographe de la Maison :

« A ces causes, statuons, ordonnons et voulons que doresnavant nos filles procréées de mariages légitimes, aussi celles de nos héritiers et successeurs, ensemble nos sœurs, ne succéderont, ni hériteront en aucuns des chasteaux, seigneuries, villages, droitures, pays, ni hommages en dépendants, mais seront icelles logées en mariage par argent et entretenues de mesme condition; qu'elles renonceront purement à tous les droits d'hoiries et de successions..., sauf et réservé ce qui est dénommé et

---

1. V. Wild und Rheingr., p. 156.
2. V. Arch. dép., Coll. de Fénétr. — Wild und Rheingr., p. 118.

compris en l'ancien traité fait sur l'union et communauté des successions ez maisons de nom et de famille, et des anciens fiefs seigneuriaulx, partie desquels nous deux soutenons et possédons, partie aussi que tenons et en faisons reprises en commun et par indivis avec nos cousins, enfans de nostre susdit oncle Jean Rhingraff[1], lesquels fiefs ont continué jusques à nous, sont eschus en nos père grand et mère grande...; ains, advenant le cas que dessus, appartiendront lesdits biens à nosdits cousins et à leurs successeurs et hoirs masles procréés en mariage légitime », etc.

Suivant un autre accord passé, le dimanche de la Saint-André 1554[2], entre Philippe-François et les tuteurs d'Otto, on fit divers règlements relatifs à la communauté de biens, à la valeur des monnaies, l'établissement de la religion évangélique dans tout le Rhingraviat, la liberté accordée aux vassaux de passer d'une seigneurie dans l'autre (freie unterzug)[3]. Le partage des vassaux et les investitures étaient une cause de désordres et de troubles, qui avaient décidé les Rhingraves, dès 1525, à investir le plus ancien d'entr'eux du séniorat, puis à établir, plus tard, un tribunal (hof und appellations Gericht), dont les chancelleries de Dauhn et de Kyrn nommaient tour à tour le hofrichter, et dont les frais de procédure étaient supportés en commun. Ce tribunal commença à fonctionner en 1561,

1. Jean VIII Rhingrave de la branche de Kyrbourg.

2. Wild und Rheingr., p. 120.

3. C'est-à-dire sans avoir à payer la dîme du pfenning et le rachat de servitude (abkauff der leibaigenschaft). Ces droits féodaux s'étaient maintenus dans la baronnie, et, pour s'établir dans une seigneurie voisine, il fallait, outre l'autorisation du bailli, acquitter un droit de 20 florins au cours de Lorraine (1764). Quant au droit des nouveaux bourgeois, il existait encore en 1792. (Arch. comm., FF. 4.)

après avoir reçu la sanction impériale. Jean **V** avait obtenu de Maximilien Ier l'affranchissement de toute juridiction étrangère : le *privilegium fori* fut successivement renouvelé par les empereurs, notamment par Rodolphe II, le 21 juin 1594, en faveur du rhingrave Otto.

De retour du siége de Malte, Jean-Philippe alla de nouveau grossir les rangs de l'armée royale et mourut, le 10 septembre 1566, dans un cloître près de Noyon, à Orcamps en Picardie[1]. Son neveu ne tarda pas à le suivre dans la tombe, et ce fut à Bourgueil, petite ville d'Anjou, que Jean-Philippe, « comte sauvage du Rhin et de Salm, seigneur de Fénestrange, Neufviller, baron de Fontenoy, Bayon, gentilhomme ordinaire de la chambre du roy, colonel de lansquenets et de 1,500 chevaux reistres au service du R. T. C., aiant esté blessé dans la jointure de l'épaule à la bataille de Montcontour, fit son testament, où il institue héritier l'enfant dont pourroit estre enceinte Diane de Dommartin, sa femme, à son défaut ses héritiers naturels, fait plusieurs donations à ses parents, amis, à Ambroise Paray, son chirurgien, élit sa sépulture à Saint-Jean Dahim, le tombeau de ses pères[2]. »

D'après le pacte de famille, le rhingrave Frédéric devint l'héritier de son frère, et non la rhingravine Claude, fille posthume de Jean-Philippe et de Diane de Dommartin[3].

Frédéric, blessé à la bataille de Montcontour, en 1569, était encore au service de France en 1574, l'année de la mort de Charles IX, lors de la cinquième guerre de reli-

1. V. Wild und Rheingr., p. 123.
2. *In montem sancti Johannis prope Dhauna.* — V. Dufourny, t. X, 2e part., p. 201.
3. V. Wild und Rhingr., p. 120.

gion, ainsi qu'on le voit par un titre concernant Badonviller, dont allait prendre possession Diane de Dommartin, sa belle-sœur ; il y eut alors un accord entre Jean IX,
comte de Salm, « et Frédric, comte saulvaige du Rhin et
de Salm et collonel de quinze cents reistres pistoliers à
chevaulx et présentement en voyage pour le service du
roy T. C[1]. »

Jean IX, qui s'était opposé aux innovations des Rhingraves dans la baronnie de Fénétrange, avait fini par
adopter leur politique, et il se signala dans les événements
qui exercèrent une si grande influence sur les habitants du
Val de Senones : il avait fait abattre, en 1566, avec Jean-
Philippe, les panonceaux aux armes de Lorraine, pour y
substituer l'aigle impérial ; en 1571, il se fit proclamer,
avec Frédéric, seigneur régalien, et l'acte en fut dressé au
monastère de Senones, le 29 juillet. Cet appel à des pas-
sions populaires eut, pour le comté, des résultats qui ont
été longuement racontés par M. Gravier[2], et les nombreux
titres conservés aux Archives témoignent tous de la bonne
harmonie qui régnait entre Jean IX et Frédéric.

Outre la moitié du comté de Salm, Frédéric possédait
Ogéviller, Bayon, Neuviller, une portion indivise dans la
baronnie de Fénétrange et, de plus, la part que Jean IX lui
céda à la suite du partage de 1598. Enfin, il avait acheté,
de M. de Honestein, un seizième dans la seigneurie de
Brackenkopff, et de Claude, comte de Salm, la seigneurie
de Bonnchausen (1572). Quant aux terres et seigneuries du
Palatinat, Dauhn, Grumbach, Rheingraffenstein et Creutz-
nach, il les avait abandonnées à ses frères, le 6 juillet

1. Arch. dép., lay. Salm iv.
2. Hist. de Saint-Dié, passim.

1574, sans attendre leur majorité, ce qui était contraire aux lois régissant les Rhingraves, et après s'être fait la part du lion[1].

Sa résidence habituelle était Neuviller, château où l'on voyait encore, du temps de Dom Calmet, grand nombre de sculptures, d'armoiries et d'alliances des anciens seigneurs[2]. Ce fut là qu'il signa « l'accord » du 14 janvier 1584, et il se trouvait encore à Neuviller, le 7 mai de la même année, quand il envoya à Saint-Nabor (Saint-Avold) son maître-d'hôtel, noble homme Wolffz Rumfort, afin de produire ses titres d'investiture pour les fiefs relevant de l'évêché de Metz, et ce, suivant une commission émanée de la Chambre impériale de Spire. Il y fut autorisé par une ordonnance de Charles III, dont il était alors grand'écuyer, lequel lui permit l'exhibition des lettres d'investiture, « à la condition, toutefois, de faire protestation que ce n'estoit pour préjudicier au duché de Lorraine et authorité d'iceluy, pour estre exempt de la Chambre impériale de Spire. »

Quoique la composition des Etats généraux de Lorraine ne puisse être déterminée d'une manière bien précise[3], on peut cependant constater que les Rhingraves de Dauhn et de Kyrbourg figuraient parmi les nobles de l'ancienne chevalerie, les gentilshommes possesseurs de fiefs situés dans le duché, et les grands officiers de la couronne ducale, « en l'estat général convoqué à Nancy, au premier jour de mars 1594. » Des cinquante-neuf gentilshommes représentant l'ordre de la noblesse, Frédéric, comte sauvage du Rhin et de Salm, grand écuyer de Lorraine, sieur

1. V. Wild und Rheingr., p. 125.
2. Dom Calmet, Not., art. Neufviller.
3. V. M. Beaupré, Sur la rédaction officielle des principales coutumes, p. 79.

de Neuviller, était le quatrième, et Otto, comte sauvage
du Rhin, sieur de Morhanges, le cinquième[1].

Au mois de juillet 1608, Frédéric reparut à la cour de
Lorraine, accompagnant à sa dernière demeure le duc
Charles III. Il remplissait de nouveau, et en l'absence de
son fils Philippe-Othon, les fonctions de grand écuyer de
Lorraine ; aussi est-il représenté dans la « Pompe funèbre[2], » tenant à la main « l'espée nüe de souveraineté »,
revêtu d'une longue robe de deuil, avec le chaperon « en
forme » et portant au côté un long fourreau, attaché à un
large baudrier en sautoir. On remarquait, aux coins du
« lit d'honneur », deux autres Rhingraves : au côté droit,
Jean-Georges, le second fils de Frédéric, et au côté gauche,
Jean IX, le successeur d'Otto ; le premier représentait les
Dauhn, le second, les Kyrbourg.

Quand la cérémonie fut terminée, que le corps du duc
Charles III eut été déposé dans le caveau de ses ancêtres,
Frédéric alla chercher l'épée placée sur le cercueil, puis,
la tirant du fourreau, le vieux colonel de reîtres fit re-
tentir trois fois les voûtes des Cordeliers du cri si cher
aux anciens Lorrains : Vive le duc Henri, second du nom,
notre souverain seigneur !

Otto était mort en 1607, laissant à Frédéric le séniorat ;
mais celui-ci n'en jouit pas longtemps, car il mourut la
même année que Charles III, le 26 octobre 1608. Il était
né en 1547 et s'était marié : 1° à Françoise de Salm, en
1570 ; 2° à Anne de Nassau-Weilbourg, le 27 mai
1588 ; 3° à Sibille d'Isenbourg, le 7 janvier 1598, et 4°

1. V. Coutumes géner. du duché de Lorraine. Nancy, Iacob Gar-
nich. 1614.

2. V. les gravures de Brentel, dans la Pompe funèbre.

à Anne-Amélie d'Erpach, qui se remaria ensuite au comte Emich de Falkenstein. De sa première femme, il eut Philippe-Othon, grand écuyer de Lorraine, mis au rang des princes de l'Empire en 1623 et mort en 1634, après s'être fait catholique et s'être distingué au service des empereurs Rodolphe II, Mathias et Ferdinand II; il fut la tige des princes de Salm-Salm. On remarque parmi les autres fils de Frédéric, Frédéric-Magnus, qui fit la branche de Neuvillers et s'attacha au service des Etats généraux ; et parmi ses sept filles, Julienne, qui épousa en 1592 Georges-Frédéric, margrave de Bade-Dourlach ; Elisabeth, abbesse de Remiremont, etc[1].

La biographie d'Otto, dont la rude figure, empreinte d'un caractère germanique[2], vient clore cette galerie des Rhingraves, ne fixe pas l'attention : l'histoire ne nous a pas représenté le chef des Kyrbourg exécutant de brillantes charges de cavalerie, à côté de ses cousins, du Margrave de Bade, de Bassompierre, de Mansfeld et de tant d'autres jeunes colonels de reîtres[3] ; les Valois ne paraissent pas l'avoir attiré à la cour, ni avoir entretenu avec lui des correspondances ; un seul chroniqueur le mentionne, encore est-ce d'une façon très-vague. En revanche, Otto a toujours la priorité sur Jean-Philippe et sur Frédéric,

1. V. dans Moréri les descendants du rh. Frédéric., art. Rhingrave.

2. Nous avons signalé l'archaïsme du costume du rhingrave Otto ; il n'est pas jusqu'à sa coiffure et à sa figure, toute mutilée, qui ne présente le type que l'on rencontre sur les anciens portraits des seigneurs qui entrèrent en lutte avec Charles-Quint, Jean-Frédéric de Saxe, Philippe. landgrave de Hesse, et même Henri de Wurtemberg, mort en 1519.

3. Le plus âgé de ces colonels de reîtres, le margrave de Bade, tué à la bataille de Moncontour, avait trente-trois ans en 1569.

quand il s'agit, pour la baronnie de Fénétrange, de quelques-unes de ces mesures auxquelles tous les Rhingraves
étaient appelés à prendre part, et dont le succès fut assuré
en 1584[1]. Occupé avant tout des affaires du parti, il
fut tour à tour à Morhange à la haute tour, ainsi nommé ,
dit Durival, à cause d'une tour qui était entre les deux
châteaux[2]; à Diemering, dont on voit encore aujourd'hui
les débris du donjon démoli par Turenne, lors du siége de
1671 ; et enfin à Fénétrange.

Né en 1538, Otto, fils unique de Jean VIII[3], lui succéda
dix ans plus tard, et son conseil de tutelle eut alors à régler les différends qui surgissaient périodiquement à la
mort de chaque Rhingrave. Par son grand-père Jean VII,
le premier de la ligne des Kyrbourg, mort en 1531 , il
hérita des terres et seigneuries de Kyrbourg, Wildenbourg,
Troneck, Morhange, Puttelange , Diemering et Amance
(Assmenz), la baronnie de Fénétrange étant restée indivise
entre les deux branches. Son père « Jehan, comte reyn-
grave, seigneur de Morhange, » accompagnait « Jehan Phe-
lippe, comte saulvaige du Rhin et de Salm, » lors des obsè-
ques du duc François (1545)[4].

D'Ottilie, comtesse de Nassau-Saarbruck, qu'Otto avait
épousée en 1567, il eut une nombreuse lignée ; l'un de ses
fils, Jean IX, que nous avons vu figurer dans la pompe
funèbre de Charles III, forma la branche de Morhange, et
un autre, Jean-Casimir, celle des Kyrbourg.

Quoique la plupart des couvents du Westrich eussent

1. Arch. dép. coll. de Fénétr. n° 255.
2. Durival, Descrip. de la Lorraine, t. II, p. 234.
3. L'annaliste n'est pas d'accord avec Moréri, qui suppose à Otto
deux frères. V. l'art. Rhingr.
4. V. Cordeliers, par M. l'abbé Guillaume.

été abandonnés dès le milieu du xvie siècle, cependant l'antique foi religieuse n'avait pas disparu de la baronnie de Fénétrange, et ce qui contribua à la raviver, ce furent les institutions pieuses que les derniers barons de Fénétrange de nom et d'armes se plurent à encourager. Au milieu de l'anarchie féodale, ils octroyèrent des chartes[1] à une confrérie fondée en 1415, par Jean d'Amange (Hans von Einsmingen), curé de Fénétrange, des prêtres de Diemering, Bouquenom, Remelting, Brouderdorff, Zolling. Postroff, Gosselming, Bisping, etc. La baronnie ne renfermait pas de couvents; on n'y trouvait que le petit prieuré de Saint-Léonard; aussi les barons s'efforcèrent-ils de soutenir une association religieuse, établie à l'imitation de celle de Saint-Nicolas de Munster[2], fondée, en 1270, par Henri de Fénétrange, archevêque de Trèves, et appelée, comme celle-ci, à rendre de grands services. En 1444, la nef de l'église de Fénétrange était réédifiée[3]; le chœur agrandi plus tard, et le chapitre installé dans la nouvelle collégiale en 1475, grâce à la munificence du maréchal Jean de Fénétrange, qui, en 1461, avait fait l'acquisition des biens de l'abbaye de Neuvillers en Alsace, et laissé à sa veuve Béatrix d'Ogéviller le soin d'exécuter ses dernières volontés. Il existait aussi d'autres confréries dans les environs, et notamment à Midersheim, où il fut délivré, en 1465, une quittance de 24 florins à Henri, baron de Fénétrange, seigneur de Falkenstein, par les éche-

1. Arch. dép., coll. de Fénétr., n° 135.

2. Comm., art. Munster., t. II, p. 90. Nobles et roturiers, clercs et laïcs se trouvaient rangés sous la bannière du patron de la Lorraine, et concoururent à la réédification de la collégiale actuelle.

3. Durival. Description de la Lor., t. II, p. 267. On retrouve encore sur l'ogive des trois portails la date de 1426; ce qui fait supposer que la nef était déjà en partie terminée à cette époque.

vins de la confrérie Saint-Jacques. En 1519, un chanoine, Laurent Fabry, curé de Bérendorff, jetait les fondements d'une institution de bienfaisance qui fut le noyau de l'hôpital actuel de Fénétrange[1].

L'influence de ces différentes associations religieuses, qui réunissaient dans leur sein toutes les classes de la société, contribua sans doute à circonscrire la réforme dans la maison des Rhingraves, pendant plusieurs années, et fut, avec les nécessités politiques du moment, la cause qui retarda, à Fénétrange, l'établissement de la confession d'Augsbourg, souscrite en 1530, adoptée dans le Rhingraviat en 1554, et introduite avec violence en 1565 dans la baronnie et dans les villages qui en dépendaient : Niedersteinsel, Postroff, Schalbach, Metting, Bettborn, Berthelming, Mittersheim, Lhor, Wieberswiller, Langatte, Wolfskirch, Zolling, Bust, etc. Ces villages faisaient partie, la plupart, de la seigneurie de Schwanhals et appartenaient aux Rhingraves. Ceux qui dépendaient de la seigneurie de Brackenkopf ne suivirent pas la même impulsion : Romelfing, Diane-Capelle, Haut-Clocher, Hilbesheim. D'autres villages, comme Gosselming et Bisping, étaient mi-partie Lorraine, et ce dernier de la châtellenie de Dieuze. Enfin, Saint-Jean-de-Bassel, compris aujourd'hui dans le canton, était alors une commanderie de l'ordre de Saint-Jean-de-Jérusalem[2].

Un document inédit de messire Van Oncle, doyen du chapitre de Fénétrange dans la première partie du XVIIIe siècle, nous apprend « qu'au 3 de juillet, Mathias Dreyss et Guillaume Emich, officiers de MM. les Rhingraffs, seigneurs de la plus forte partie de Fénestrange...,

1. V. Comm., t. II., p. 352.
2. V. Comm., passim.

prirent par force les clefs de l'archive de la collégiale et, par ordre de leurs maîtres, enlevèrent tous les papiers et titres, en firent un inventaire en langue germanique, maltraitèrent les chanoines, les chassèrent de la ville et s'emparèrent de leurs maisons et biens situés dans la juridiction. La tradition et quelques mémoires disent qu'il n'y avoit que huit chanoines, dont trois ou quatre apostasièrent et les autres se sauvèrent à Donnelay, alors souveraineté de Lorraine, y fixèrent leurs résidence et continuèrent à faire l'office. »

L'église collégiale de Saint-Pierre, « d'où les luthériens et les rhingraves Otto et Frédéric à leur tête, avaient de vive force chassé les chanoines, pris lez ornements, les titres et documents, détruit les autels[1], » fut occupée par eux ; le jubé, qui séparait la nef du chœur[2] et sous lequel se trouvait l'autel paroissial, démoli ; les vases sacrés pesant de 25 à 26 marcs d'argent, enlevés.

Inutilement les Salm et les Landsberg réclamèrent au nom des populations ; les Rhingraves surent rendre vaines les protestations auxquelles donnèrent lieu « la réforme des prestres catholiques, l'abolition du culte et l'introduction des ministres[3]. »

Ils s'emparèrent non seulement des biens de la fabrique, mais aussi de ceux des fondations et du chapitre de la collégiale Saint-Pierre. Ils en firent une masse et recette générale (que l'on appelle encore aujourd'hui dans le Nassau, Kirchenschaffne rey[4]), sans davantage spécifier

1. V. Arch. comm. de Fénétrange., E. 2.
2. V. Durival, Description de la Lorraine, t. II., p. 267.
3. V. Comm., t. I, p. 543. — Arch. dép., coll. de Fénétr., plusieurs titres en allemand.
4. Arch. dép., coll. de Fénétr., n° 158.

les charges pour lesquelles lesdits biens ont été donnés et légués aux églises, ni acquitter celles pour lesquelles ils étaient destinés. Ils employèrent le revenu annuel de ces biens à payer le ministre, le maître d'école, et à entretenir les bâtiments ; quant au surplus, il se l'approprièrent[1]. C'est ce qui fut pratiqué non-seulement à Fénétrange, mais aussi à Bouquenom et à Lixheim[2].

Un feuillet, détaché de quelque jahrzeitbuch[3], nous fait connaître le nom des ministres de la nouvelle église, à partir de 1594. A Fénétrange « David Coppichius le pas- » teur (der pfarherr), baptise une jeune fille... Les marraines » furent la très-noble dame Anna Wild et Rhingravine et » Catherine, fille de Mathias Kilburger. La femme du » pasteur (die pfarrerin) s'appeloit Elisabeth. » Langatte avait pour ministre, en 1594, Johann Bilfinger, et Dieme-ring, Johann Friesiller ; Miedershein, en 1601, Gabri Hoff-mann ; et Niedersteinzel, en 1603, Christophe Wolframus, remplacé, en 1608, par Christophe Praschelius.

Un épisode de la lutte des catholiques contre la domi-nation des Rhingraves se trouve mentionné dans un procès-verbal « affirmatum a satrapa Francisco Jacques officiali pro serenissimo principi Salmensi nunc manente in Arschott (1716) et scriptura abissis Dreyss consueta sit probari in multis locis et scripturis[4]. » On voit, par ce document tiré des archives de l'ancienne collégiale, que messire Jehan Pétri, autrefois prébendé dans le chapitre de Fénétrange, s'attira des haines mortelles en remplissant courageuse-

---

1. Arch. dép., coll. de Fénétr., n° 119.

2. L'électeur Palatin, dit, en parlant de cette dernière localité le président Thierry Alix, la tient ; il y a ung schaffner, et il n'y a plus de religieuses. (Rég. des rentes du bail. d'Allem. 1569).

3. Arch. dép. Collég. de Fénétr. n° 238. (titre allemand.)

4. Arch. dép., collég. de Fénétr., 32.

ment, pendant une année, les fonctions de son ministère dans la cure de Romelfing, alors que tous les prêtres catholiques avaient été expulsés de l'intérieur de la baronnie[1]; qu'il recueillit dans son église les fidèles de la ville ; mais que, devant les menaces de Mathias Dreyss, le bailli des Rhingraves, il dut s'incliner et se rendre au château de Fénétrange, muni d'un sauf-conduit[1], afin de se justifier et de désarmer le courroux de leurs gracieuses et bénignes seigneuries.

Le dénoûment de cette histoire fut-il tragique ? la tradition du pays l'affirme et montre la croix de pierre du chemin de Romelfing[2].

Les chanoines, forcés de quitter, le 4 juillet 1565, la collégiale de Béatrix d'Ogéviller, s'étaient adressés, mais en vain, le 13 du même mois, à M. de Dommartin. Les hauts officiers du Rhingrave, Wilhelm Emich et Mathias Dreyss, firent le dénombrement des biens dont le chapitre avait joui sans trouble depuis 1475[3]. Le 1er septembre 1565, Daniel Ort et Théobald Emich, baillis de Kyrbourg et de Dauhn, dressèrent un inventaire des biens des églises de la seigneurie de Schwanhals[4]. En 1572, Jehan Walhauset et Théobald Emich spécifièrent les dîmes, rentes, étangs et biens de la seigneurie de Donnelay, qu'ils ne purent réformer, attendu qu'elle se trouvait en Lorraine[5].

1. Comm., art. Lhor.
2. Suivant l'histotre ms. de la baronnie, un autre prêtre, appartenant au chapitre, fut mis à mort à la Grundlach ; on ignore son nom, ainsi que celui des chanoines, qui se trouvaient probablement alors sous le décanat de messire Théod. Fabry. (V. Dom Calmet, Not., art. Fénétrange.)
1. Dom Calmet., Not., art. Fénétr.
2. Arch. dép., coll. de Fénétr., n° 257.
3. Dom Calmet., Not., art. Fénétr.

Des obstacles plus sérieux vinrent entraver la marche des Rhingraves vers le but qu'ils s'étaient proposé d'atteindre. Ainsi, quand Otto et Jean-Philippe voulurent établir un ministre dans la cure de Bettborn, dont la commanderie de Saint-Jean-de-Bassel était collatrice, Philippe Ridefel de Landsberg, maitre de l'ordre de St-Jean-d'Allemagne, les attaqua devant la Chambre impériale de Spire.

Par une transaction du 22 juillet 1596, le commandeur de Saint-Jean-de-Bassel abandonna aux comtes rhingraffs (*sic*) le patronage et le droit de nomination à la cure de Bettborn[1].

Paul, comte de Salm, le frère de Jean IX, était seigneur en partie de Schalbach ; aussi Otto fut-il obligé de lui envoyer une missive, le 15 mai 1568, pour réformer la cure de village suivant la doctrine de la confession d'Augsbourg.

Paul, le futur beau-père du prince de Vaudémont, se montra plus zélé que son frère, Jean IX ; aussi ce fut à lui que s'adressa, en 1581, le R. P. gardien des Cordeliers de Sarrebourg, pour obtenir la cure de Gosselming, village de l'ancienne seigneurie de Brackenkopf, dépendant de la Lorraine, des Lutzelbourg, des Fénétrange et de la commanderie de Saint-Jean-de-Bassel[2].

Mais le comte Paul ayant vendu sa part dans la baronnie à Diane de Dommartin et à son nouvel époux, Charles-Philippe de Croy, duc d'Arschott, marquis de Havré, prince du Saint-Empire[3] ; et le marquis et la marquise ayant signé à Neufviller, le 14 janvier 1584, avec Otto et Frédéric, la transaction qui mettait fin à leurs différends, le triomphe du parti protestant fut dès lors assuré.

---

1. Comm., t. II, p. 731.
2 Arch. dép., Fénétr., n° 259.
3 Comm., t. I., p. 340. — Arch. dép., Fénétr., n° 46.

Les Havré restèrent, il est vrai, seuls maîtres du château de Fénétrange et des biens du chapitre situés en Lorraine ; mais, en revanche, ils abandonnèrent tous leurs droits sur la collégiale et sur les autres églises de la baronnie, ce qui permit aux Rhingraves d'établir des ministres à la place des chanoines et curés, tant dans la ville que dans les villages, et de les mettre en possession de tous les biens ecclésiastiques des seigneuries de Schwanhals, Géroldseck et Commune.

Cet accord de religion, scellé par les parties, fut confirmé, le 3 juillet, à Fénétrange, par un *burgfrid*, et amena l'excommunication du marquis et de la marquise de Havré[1].

Le chef de chacune des deux branches de la maison des Rhingraves conserva l'administration des biens ecclésiastiques et la direction des affaires religieuses de ses états. Les différentes *communautés évangéliques* avaient leurs rituels et leurs liturgies (*kirchenordnungen*) particulières, et les *ordos* à l'usage des possessions palatines, würtembergeoises, bipontines, strasbourgeoises, variaient d'une seigneurie à l'autre. Il fut décidé, en 1588, qu'il y aurait un *kirchenordnungen* et un *agenda* uniformes pour toutes les églises du Rhingraviat ; que, s'il arrivait que l'un des seigneurs voulût introduire des modifications dans l'organisation des églises et des écoles, il le pouvait indépendamment de l'autre seigneur, et sans que celui-ci fût obligé de le suivre dans ses innovations. Quant à la charge de *gemein kirchenschaffner* (administrateur général des biens ecclésiastiques), elle fut supprimée.

Les possesseurs de fiefs, tant séculiers qu'ecclésiasti-

---

1 Arch. dép., Coll. de Fénétr. Xe. L., no 255. — 56. Factum de Diane de Dommartin (titre all.) — Comm., art. Lhor.

ques , furent maintenus, ainsi que le droit d'investiture
accordé au plus ancien des Rhingraves. Ce *burgfrid* , dont
nous venons de mentionner les principales dispositions ,
fut passé à Dauhn , le 21 mars 1588[1]. Il fut suivi par d'autres conventions, parmi lesquelles nous remarquons celle
qui réglait une des questions les plus difficiles à décider :
la part de chacune des deux branches dans les forges et
mines du Rhingraviat ; le passage par la vallée d'Allarmont, de Badonviller aux forges de Framont ; le droit d'ouverture dans le château de Salm. Vainement Frédéric avait
cherché à faire abandonner au rhingrave Otto ses prétentions sur un château qui avait appartenu à leurs ancêtres
communs et qui, par sa position stratégique, commandait un
des principaux défilés des Vosges. Nous avons vu que le
palatin Georges Jean , déjà maître du passage des Vosges
par la côte de Saverne, s'était aussi réservé celui de la
vallée d'Allarmont ; Otto obtint le même privilége.

Nous ne saurions passer sous silence les difficultés
qu'occasionnèrent aux Rhingraves leurs goûts cynégétiques,
leurs chasses du Palatinat, leur *thiergarten* de Kyrn[2] et
l'ardeur avec laquelle ils venaient tous les ans se livrer à
leur passion favorite à travers les étangs et les forêts de
la baronnie.

Au milieu d'un cahos de lois féodales, recès, burgfrid,
pactes de famille, accords, mêlés, confondus, enchevêtrés,
à la suite desquels on renouvelait chaque fois la défense
d'innover, c'est en vain que l'on cherche quel était le sort
des habitants du Rhingraviat. Ceux de Kyrn avaient été
affranchis en 1588 de toutes corvées et servitudes de glèbe ,
et un recès du 11 août 1600 avait encore rendu plus ma-

1. Wild und. Rhingr., p. 133.
2. Wild und Rhingr., p. 135.

nifeste cet acte d'émancipation politique, qui ne les sou-
mettait plus qu'à la *juridiction réelle et criminelle* de
leurs seigneurs[1]. L'annaliste des Rhingraves ne mentionne
pas une des plus importantes chartes d'affranchissement
qu'ils octroyèrent à leurs sujets, celle de la ville de Fénétrange, signée le 4 juillet 1584, par le marquis et la marquise de Havré, les rhingraves Otto et Frédéric, Madelaine,
comtesse de Manderscheid et de Brandebourg, dame de
Fénétrange, et Martzloff Reinhard de Landsberg, tous
coseigneurs de Fénétrange[2].

Le temps des luttes à main armée était passé, et
c'était à la médiation de l'électeur Palatin et des autres
seigneurs du cercle du Rhin qu'il fallait avoir recours en
cas de contestation ; la Chambre impériale de Spire inter-
venait quelquefois, ainsi que la haute-cour des Rhingraves ; mais cette dernière institution avait fait son temps,
et elle disparut pendant la période si orageuse de la
guerre de trente ans , précédée par le *séniorat*, qui était
tombé dès le 12 mai 1612, lorsque les deux branches de
Dauhn et de Kyrbourg se furent subdivisées en une infinité
de rameaux et partagées, comme l'étaient leurs sujets,
par des dissensions religieuses.

Otto ne fut pas témoin de ces derniers événements, car
il termina sa longue carrière le 7 juin 1607, et non en
1579, comme l'avance Moréri ; erreur d'autant plus facile
à constater que Julienne, une des filles d'Otto, mariée à
Philippe, comte de Linange, naquit en 1584[3] ; qu'un titre,
cité dans *les Communes*, prouve qu'il vivait encore en

1. Wild und Rhingr., p. 155.

2. Hist. ms. de la baronnie par M. l'abbé Meyer.

3. V. Moréri, art. Rhingrave. Branche de Mœrching et de Kyrbourg. IX.

1607[1], et que ce fut seulement à cette époque qu'il mourut, suivant le factum de Diane de Dommartin et l'histoire des Rhingraves, que nous avons déjà citée[2].

Le 4 juin 1607, Otto avait fait un testament. Renouvelant les dispositions du *pacte de famille*, pour empêcher ses états de tomber en quenouille, il constituait à ses filles un douaire de 4,000 florins, plus 2,000 affectés sur les biens d'Ottilie de Nassau. Quant à ses fils, il leur ordonnait de partager ses états en trois portions égales, leur enjoignant de ne pas contraindre leurs sujets à les imiter dans le cas où ils viendraient à abandonner la confession d'Augsbourg[3].

Le 11 septembre suivant, ses fils partagèrent ses états ; mais la seigneurie de Fénétrange continua à rester commune entre eux pour servir à acquitter les dettes dont la maison de Kyrbourg était chargée, et chacun des membres de cette maison prit le titre de baron de Fénétrange.

L'annaliste que nous avons si souvent consulté, ne fournit aucune espèce de renseignements sur le lieu de la sépulture du rhingrave Otto, soit que les décès postérieurs au xvie siècle ne fussent pas relatés sur le vieux missel, qui lui servait d'obituaire, soit qu'il ne jugeât pas à propos de mentionner des particularités concernant un pays distrait de l'autorité des Rhingraves, tel que Fénétrange; car tout porte à croire que ce fut là, et non à Kyrn, que décéda et fut enterré Otto de Kirbourg.

L'église collégiale avait été transformée en temple protestant en 1565[4], et cent ans plus tard, les Rhingraves ve-

---

1. V. Comm., t. I., p. 23.

2. V. Arch. dép., Coll. de Fénétr. X° L. 233. — Wild und Rhingr., p. 137.

3. V. Wild und Rhingr., p. 137.

4. Les chroniques d'Alsace mentionnent plusieurs particularités sur

naient encore y célébrer la cène[1]. En 1610, ils avaient fait placer, entre la rosace et le portail ogival de la façade principale, une console chargée de leurs armes et surmontée d'un cartouche sur lequel on lit encore aujourd'hui la devise : *verbum Domini manet in aeternum*, que les gens de la suite des princes protestants, à la diète de Spire, en 1526, portaient brodées sur leurs manches en lettres capitales : V. D. M. I. Æ. ; ce qu'ils faisoient pour montrer publiquement qu'ils ne vouloient suivre que la pure parole de Dieu[2]. La devise est restée, mais les armoiries ont disparu. Des pierres tumulaires luthériennes qui se trouvaient dans l'intérieur de l'ancienne collégiale, une seule a été conservée : c'est celle de Mathias Kilburger, le puissant bailli des Kyrbourg pendant plus d'un demi-siècle ; elle était encastrée dans la muraille, à droite en entrant dans cette partie du transept où se trouvait autrefois la chapelle de Landsberg, dont une barrière fermait l'entrée aux profanes. La pierre tombale du rhingrave Otto, que l'on a transportée récemment de l'ancien cimetière au Musée lorrain, était aussi placée debout, dans la muraille, à en juger par la pose du personnage, les tailles de la pierre et les soudures des parties latérales, et se trouvait, soit dans le chœur, soit dans la chapelle de Landsberg, entre Ma-

l'année 1565 : la neige tomba en telle abondance, que les communications furent interrompues dans les campagnes ; le dégel amena des inondations suivies d'un été très-aride, de maladies et d'épidémies. Il en fut à peu près de même en Lorraine, à en juger par un passage du Livre des Enquéreurs de la cité de Toul, par M. H. Lepage, qui rapporte, que de longtemps

    .... des plus vieulx de la ville
    Avoir veu telle année infertille
    Universelle par tout le monde.

1. Arch. comm. de Fénétr., CC. 1.
2. Moréri, art. Diète de Spire.

thias Kilburger et une autre tombe historique , celle de Henry baron de Fénétrange, mort en 1335.

Un épais badigeon, en recouvrant les murailles, n'a plus laissé de traces de polychromie sur ces pierres sépulcrales que l'on peignait, suivant le vieil usage allemand , surtout quand elles étaient ornées de blasons sans hachures ; ce qui se voit encore sur les bords de la Sarre , dans la vieille abbaye de Saint-Arnwald[1] ; véritable musée , où tous les anciens comtes de Nassau-Saarbruck sont rangés debout et représentent une suite de personnages revêtus des costumes si pittoresques du moyen âge et de la renaissance. Si nous cherchons à établir une comparaison entre la vieille abbaye et la collégiale de Fénétrange, c'est que ces deux monuments ont entr'eux plus d'une analogie.

Il serait intéressant de rechercher quelles furent les résidences des Rhingraves à Fénétrange ; mais ce qui en reste a été tellement dénaturé , que cette étude ne saurait présenter aucun attrait. Nous nous contenterons de rappeler qu'à la suite du *burgfrid* de 1584 , les Havré furent seuls maîtres du château , séparé de la ville par un fossé profond, sur lequel était jeté un pont-levis. A quelque distance de là s'élevait la maison du bailli de Kyrbourg, donnant d'un côté sur la rue qui va au moulin , et communiquant par une cour avec la maison seigneuriale. Ces deux habitations , adossées aux remparts de la ville et dominant la Sarre , étaient séparées par la rue de *l'Unterthor* de la maison , aujourd'hui démolie , du bailli de Landsberg[2].

Quant aux Rhingraves de la branche aînée, la maison de

<hr>

1. Saint-Arnould , selon Dom Calmet, entre Sarreguemines et Saarbruck (Prusse-Rhénane).

2 V. Mém. de la Société d'Arch. lorr. 1859, p. 5.

leur bailli est devenue l'hôpital actuel : on y remarque deux tourelles décorées de panneaux à arabesques, d'un style assez élégant, et que nous croyons des dernières années du xvie siècle; l'une de ces tourelles est à encorbellement et fait face à *l'Altebaw*, vaste bâtiment consumé par un incendie à une époque difficile à préciser[1], et sur les ruines duquel s'est élevé le petit séminaire actuel. De l'*Altebaw* (ancien château) dépendaient de beaux jardins, situés de l'autre côté du fossé et des remparts de la ville, et une porte de 1557 qui n'a de remarquable que sa date. La chancellerie, tribunal où se jugeaient les affaires des différents sujets des seigneurs de Fénétrange, se trouvait à quelque distance, sur la Richter-Platz[2].

De quelque façon que l'on envisage le caractère des personnages dont nous venons d'évoquer le souvenir, on ne saurait s'empêcher de reconnaître qu'ils déployèrent pour faire triompher le parti qu'ils avaient embrassé avec tant d'ardeur, beaucoup de persévérance, jointe à une grande habileté. Après avoir écarté l'opposition de leurs coseigneurs, évité l'intervention si redoutable du duc de Lorraine, ils n'eurent plus qu'à se rendre maîtres de l'esprit de leurs vassaux ; tâche facile, car chez ces derniers n'existaient aucuns de ces souvenirs d'indépendance, qui se trouvaient au fond des consciences dans les populations méridionales. La coutume était la loi du nord, et les Rhingraves jouissaient des mêmes priviléges que les autres seigneurs régaliens de l'Empire et avaient des vassaux de serve condition[3]. Ceux de la ville de Fénétrange avaient été affranchis

1. Probablement l'incendie de 1605.

2. V. Arch. dép. Plan de Fénétr. en 1713. V. id. le terrier de 1720.

3. V. Comm. art. Fénétrange. — Wild und Rhingr., p. 114 à 175 passim.

à la suite du *burgfrid* de 1584 ; mais cette mesure politique, à laquelle avait coopéré le rhingrave Otto, et dont il dut prendre l'initiative comme *sénior*, ne fut-elle pas dictée par le désir de mettre les bourgeois à l'abri de ces changements de religion si fréquents alors parmi les princes d'Allemagne, cette terre natale de la liberté aristocratique ? Ce fut sous l'empire de cette préoccupation, qu'il enjoignit à ses fils, par son testament, de respecter les croyances religieuses de leurs vassaux. Les dissensions intestines, non moins que les guerres, avaient été funestes à la population de la ville[1], et les souverains durent chercher à en prévenir la ruine, tout en y maintenant leur autorité. A l'affranchissement de la commune ils ajoutèrent l'abandon et la concession de droits très-étendus dans les vastes forêts de la baronnie. Malheureusement, le développement matériel de la ville fut arrêté par le terrible incendie de 1605[2], qui ne laissa debout que quelques masures ; des anciennes maisons de la bourgeoisie, il ne reste plus que celle d'un chef de corps de métiers, appartenant à la corporation des bouchers[3]. Ce ne fut qu'au bout d'un siècle, que la ville commença à renaître de ses cendres, sous le règne paternel du duc Léopold (1720)[4].

1. V. Arch. dép.,Coll. de Fénétr., 238. — V. les comptes des baillis allemands.

2. Arch. départ., Coll. de Fénétr. 201. — Selon l'auteur de l'hist. ms. de la baronnie, cet incendie eut lieu en 1606, date qu'il ne nous a pas été possible de vérifier. Les protestants de la province d'Alsace n'adoptèrent le calendrier grégorien que le 1er mars 1682, et ceux de la baronnie vers la même époque.

3. Maison de la Kirchengasse, au dessus de la porte de laquelle se trouve un écusson orné des insignes de la corporation, et la date de 1573. — Dans l'intérieur d'une autre maison, celle de 1555.

4. V. Arch. dép., terrier de Fénétrange par le Sr. Maurice Le Page, 1720, et la dédicace au duc.

La centralisation du pouvoir put seule arrêter un travail latent de dissolution, que les discordes religieuses n'avaient fait qu'accroître en semant dans les campagnes des germes de divisions, que le temps a fait à peine disparaître de nos jours : tel village de la seigneurie de Brackenkopf allait attaquer les habitants du village voisin, appartenant à celle de Schwanhals ; et des lignes de démarcation infranchissables séparaient les habitants d'une même contrée et souvent d'un même village. Plusieurs fois l'on en vint à une rupture ouverte, et les seigneurs furent obligés d'intervenir, notamment en 1598, entre Fénétrange et Mittersheim ; en 1603, entre Fénétrange et Romelfing. Nous avons vu que chaque juridiction était répartie entre plusieurs autorités diverses ; chacune d'elles cherchait à s'affermir par des envahissements successifs, et cet empiétement continuel, si commun entre les Rhingraves, était encore plus fréquent chez les autres seigneurs. Le bailli de Lixheim ayant effacé, en 1540, sur les bornes de Metting et de Schalbach, les armoiries des seigneurs de Fénétrange, un long procès s'ensuivit, et comme Metting, village de la baronnie de Fénétrange, était compris dans la seigneurie de Géroldseck, que le comte palatin Jean-Auguste, comte de Lützelstein, ou de la Petite-Pierre, y possédait des sujets et qu'il se prétendait lésé dans ses droits, il attaqua devant la Chambre impériale de Spire, non seulement le marquis de Havré, les Rhingraves, et Jacques de Landsberg, tous seigneurs communs ; mais aussi Louis, comte de Nassau-Saarbruck, en sa qualité de coseigneur de Géroldseck. Ils furent représentés par leurs hauts-officiers : Frédéric de Hingenburg, bailli de Havré ; Mathias Kilburger et Wentzeslaüs Fogel, baillis des Rhingraves ; et Michel Baïer, bailli de Landsberg.

Conjointement avec les autres seigneurs, les Rhingraves avaient droit de haute, moyenne et basse justice, ceps, carcans et signes patibulaires à quatre piliers, la terre de Fénétrange étant une baronnie. Cette marque de haute-justice était placée sur le Galgenberg, au haut de la Ritterstrasse, chemin qui conduit de la ville au coteau sur lequel était bâti le prieuré de Saint-Léonard[1]. La tradition rapporte que chaque pilier était orné de l'écusson aux armes de l'un des seigneurs comparsonniers et en portait le nom : Havré, Salm, Rhingrave, Landsberg[2].

Le jour où les armées victorieuses de Louis XIV occupèrent le Saargau et la baronnie de Fénétrange, les autels se relevèrent et la collégiale de Béatrix d'Ogéviller fut rendue à sa destination première. La pierre tombale de Mathias Kilburger disparut derrière le nouvel autel de la chapelle de Landsberg ; moins heureuse, celle du rhingrave Otto fut descellée, puis jetée hors de l'édifice qui l'avait si longtemps abritée. Le marteau des vandales de 93 vint achever l'œuvre de la réaction de 1682, en mutilant non seulement la figure, mais aussi les armoiries d'Otto, et rendit longtemps difficile la découverte du nom d'un personnage dont la tradition n'avait plus gardé le souvenir.

Les descendants de Jean VI, comte sauvage du Rhin et de Salm, avaient successivement abandonné la baronnie de Fénétrange, qui, après être passée sous le sceptre du prince de Vaudémont, se trouva entièrement réunie, en 1751, sous celui du roi Stanislas et fit retour à la couronne de France en 1766.

1. Arch. dép. V. le terrier de Fénétrange.
2. Hauerisch, Salmisch, Rheingraflisch, Landsbergisch.

APPENDICE.

Le Rhingraviat. — Les états patrimoniaux des Rhingraves formaient un petit pays qui avait pour limites le Palatinat, l'archevêché de **Trèves**, les comtés de Birkenfeld et de Deux-Ponts. Ils furent compris dans les départements français de Rhin-et-Moselle et de la Sarre, avec les petites villes de Kyrn, Dauhn, Oberstein, Obernbourg et le fort de Rheingraffenstein, les anciens châteaux de **Wildenbourg**, de Kyrbourg et autres. La carte allemande, qui fut dressée alors, et qui figure parmi celles des 133 départements qui formèrent l'empire français, est intitulée : *die staaten der gefürsteten und ubrigen wild und Rhein-graflichen zu Salm, Grumbach, und Stein, etc.* n° 160. On y remarque, outre le petit pays dont nous venons d'énumérer les principales localités, les enclaves qui en dépendaient : A l'O. celui de Troneck ; au S. celui de Grumbach ; à l'E. celui de Flonheim ; enfin, en France, trois autres enclaves : 1° Puttelange, avec huit villages ; 2° Diemering, avec trois, et 5° Salm, renfermant une partie de la vallée d'Allarmont, avec les villages de Celles, Allarmont, Raon, Plaine, l'ancien château de Salm et Senones. (La terre de Fénétrange ne figure pas parmi les enclaves dépendant des états des Rhingraves, ayant été cédée à la Lorraine de 1665 à 1751.)

L'orthographe de ces noms a varié ; Mercator écrit : Trœnecken, Kern, Kirn, Thaun, Crumbach (*Trier et Lutzenburg*).

Kirnburg figure dans une carte du xvi° siècle avec *Merchingen,* château et petite ville du *Westrich*, comme appartenant aux Rhingraves ; *Diemeringen* et *Phingstingen*, comme deux autres petites villes de la même contrée, qui, à la mort du comte de Saarwerden, passèrent au comte de Nassau. (*Cosmogr, durch Sebastianum Munster.*)

Enfin, un autre géographe, Pierre Vander, fait du pays arrosé par la Nahe le *comté de Rheingravestein.* (Carte du xviii° siècle.)

Les Rhingraves dans le comté de Salm. — On a souvent confondu les Rhingraves avec les comtes de Salm. Cette erreur provient notamment de ce que la race des comtes de Salm-en-Vosges s'étant éteinte par les mâles, et leurs terres et seigneuries étant passées dans la maison de Lorraine par le mariage de Christine avec François de Vaudémont, les Rhingraves continuèrent à porter le titre de comtes de Salm, qu'ils échangèrent plus tard contre celui de princes de Salm.

Non-seulement les Rhingraves furent confondus avec les Salm, mais ils le furent aussi entr'eux, n'étant souvent désignés que sous une mention laconique : le jeune Rhingrave, le seigneur de Morhange, etc. Les erreurs de dates de Moréri viennent encore accroître cette confusion, que nous avons cherché à éviter en consultant l'histoire qui fut imprimée à Mannheim en 1769 et les titres authentiques conservés aux Archives départementales. Nous y avons puisé les renseignements suivants, qui n'ont pu trouver place dans notre notice, et qui figurent la plupart dans *les Communes de la Meurthe* :

Le 18 juillet 1557, Jean-Philippe, comte sauvage du Rhin et de Saverne (*sic*), confère à Cunin Alix, chanoine de Saint-Dié, la chapelle dite communément Ogéviller (ou du Saint-Sacrement), sise en l'église collégiale de Deneuvre, et dont la collation lui appartenait en qualité de seigneur d'Ogéviller. (*Comm.*, t. *I.*, *p.* 277.)

Ce Rhingrave, qualifié de comte de Saverne, au lieu de comte de Salm, fut sans doute le frère de Philippe-François qui mourut en 1566.

Par acte du 20 février 1568, Georges, le maire, Barbeline, sa femme, et autres, vendent à Jean, comte de Salm, et à Jean Philippe, comte du Rhin, moyennant 60 francs, une place, nature de meix et jardin, avec ses usuaires et dépendances, sise à Badonviller, pour y bâtir une maison à l'exécuteur des hautes œuvres. (*Comm.*, t. *I.*,*p.* 78.)

Nous ne mentionnerons pas ici les nombreux documents concernant l'abbaye de Senones, les Rhingraves, leur conseiller, Jehan Molytor (1570), le comte de Salm Jean IX : on peut consulter à ce sujet Du Fourny, la layette Salm ; nous nous contenterons de rappeler que Badonviller était alors la capitale du comté et était devenu la résidence des Salm, qui avaient tour à tour habité leur château, Blâmont, Deneuvre et Pierre-Percée, et que Jean IX avait, à la suite du partage de 1598, abandonné à Frédéric sa part dans la baronnie de Fénétrange, tout en lui laissant dans le comté de Salm celle qui fut connue plus tard sous le nom de Principauté.

Terres et seigneuries rhingraviennes en Lorraine. — Le *Bourget*[1] *d'Amance*, provenant de Barbe de Fénétrange, comtesse de Moërs et de Saarwerden, était tombé dans le lot de Jean VII, rhingrave de la branche de Kyrbourg, aïeul d'Otto ; ce qui est établi par un accord passé, en 1525, par Nicolas Wuiliaume, tabellion audit Amance.

Suivant les notes ms. déjà citées, la seigneurie d'Amance, qui était

----

1. Du mot allemand *burg*, château.

tombée en quenouille, ainsi qu'il en fut plus tard pour celle de Fénétrange, échut à Barbe, comtesse de Moërs et de Saarwerden, par son père le maréchal Jean, fils de Henri de Fénétrange, seigneur de Schwanhals, vers 1400. Celui-ci avait épousé Jaqueline d'Amance, appelée Jacoba d'Assmentz dans un titre allemand des Arch. dép., Coll. de Fénétr., 155. Il avait épousé en secondes noces, en 1425, une Wildgravine appelée Elisabeth. Jacoba ou Juratta, sa première femme, était fille de Jacques d'Amance, chevalier, et de Jacquette de Pulligny (1380), dont elle hérita avec sa sœur Catherine, mariée à Jean d'Haraucourt. Elle apporta ainsi dans la maison de Fénétrange une part dans le château et les dépendances d'Amance, Bayon, Vaubexy, Jourey, Varmonzey, etc.

Charles III acquit d'Othon, comte sauvage du Rhin, seigneur de Fénétrange, moyennant la somme de 19,000 francs, ce que ce dernier avait au château, enclos et appartenances de la ville d'Amance, le 24 avril 1607.

En 1608, Georges Maimbourg, conseiller d'Etat et maître d'hôtel du duc Charles III, remontra à ce prince qu'il possédait ensuite d'acquisition faite sur le feu sieur Otho Rhingraff *« une maison champestre soubs Amance et à costé de Laistre, communément dicte la Neufve maison,* laquelle il tenait en franc-alleu, et s'offrit à la reprendre en fief du duc, à condition que celui-ci lui permettrait d'y ériger colombier, etc.

Ces derniers documents, puisés dans *les Communes,* nous ont servi à constater qu'Otto avait vécu au-delà de 1579, le 3e de ses fils, lequel s'appelait aussi Otto, n'ayant hérité qu'en 1607 des terres situées dans le Palatinat, et non en Lorraine. Nous avons aussi constaté, à l'aide des documents précités, qu'il était question d'Amance près Laître et non d'Amange, l'Insming actuel.

Le château d'Amance, inhabité depuis longtemps, tombait en ruines lorsqu'il fut donné, en 1616, par le duc Henri II à Didier Dattel conseiller d'Etat. (*Comm., t. I., p. 25.*)

Le 16 juin 1592, Othon, comte sauvage du Rhin, avait cédé à Jean Dattel, receveur et gruyer d'Amance, et à Didier Dattel, son frère, châtelain de cette ville, un quart et demi de toute la seigneurie de la vouerie de Champenoux, sauf la quinzième partie dans ledit quart et demi, appartenant au sieur Bildstein ; vouerie que ledit comte avait achetée, le 4 décembre 1592, de Jean d'Haraucourt, seigneur de Chambley, Dombasle, etc. (*Comm., t. I., p. 219.*)

Le 28 février 1566, un des Rhingraves, du nom de Jean-Philippe, avait vendu à Didier d'Ourches, maître d'hôtel du duc Charles III et bailli d'Epinal, et à sa femme, dame Alix de Bilistein, la moitié de la terre et seigneurie de Cercueil. (*Comm.*, t. *I*, *p.*, 215.)

En 1597, Otto vendit au duc de Lorraine le bois de *Saulsayes*, au ban de Brin. (*Du Fourny*, t. *X.*, 2ᵉ *part.*, 572.

Le 22 mars 1599, Otto fit au duc de Lorraine ses reversales pour le quart de cinq muids de sel, dus à la maison de Salm sur les salines de Dieuze, dont il avait négligé de toucher la rente annuelle pendant sa minorité ; il reconnut que cette concession avait été faite sous condition de rachat moyennant 500 florins, et l'acte en fut dressé à Morhange, résidence du rhingrave Otto.

Les Rhingraves, outre les droits que nous avons déjà énumérés, avaient part, comme seigneurs de Fénétrange, aux dîmes du Roderban, des comtés de Nassau et de la Petite-Pierre ; ils avaient des rentes dans la prévôté d'Insming ; à Sarralbe, juridiction de Lorraine ; à Mulcey, dépendant de la prévôté de Dieuze ; à Maizières, de l'évêché de Metz ; à Gosselming, où ils avaient part au droit d'asile pendant six semaines et quelques jours ; les villages de Bassing, Culling, Donnom, Lostroff, Bidestroff et Loudrefing, frontière de Lorraine, leur payaient le droit de glandée pour les vastes forêts qui séparaient la baronnie du duché. Enfin, leurs douanes (Zoll) étaient établies à Fénétrange, Langatte, Metting, Mittersheim, Schalbach et Wicherswiller. (Arch. comm. de Fénétr., CC. 1 et 2.)

Ils avaient aussi dans l'intérieur de Lunéville une maison-fief, occupant l'emplacement de la place et de la cure actuelle ; c'était une seigneurie, appelée *Cour sauvage*, qui tirait son nom des anciens comtes sauvages du Rhin, et jouissait encore de priviléges et d'exemptions de taille au xviiᵉ siècle. V. l'Histoire de Lunéville par M. Marchal. — Comm., t. I, p. 249.

Généalogie d'Otto. — Les quatres quartiers paternels et maternels d'Otto, comte sauvage du Rhin et de Salm, seigneur de Morhange, Kyrbourg, etc., baron de Fénétrange, mort en 1607 :

JEAN VII	ANNE	GEORGES	PRAXÈDE
wild et Rhingrave.	cᵗᵉˢˢᵉ d'Isenbourg.	cᵗᵉ de Hohenloh.	cᵗᵉˢˢᵉ de Soultz.

JEAN VIII	ANNE
wild et Rhingrave.	cᵗᵉˢˢᵉ de Hohenloh.

OTTO
wild et Rhingrave
nupsit Ottilie, cᵗᵉˢˢᵉ de Nassau-Saarbrück.

ERRATA.

Page 27, ligne 23, au lieu de : Jean-Philippe, lisez : Philippe-François.

Page 27, note 2, ligne 30, ajoutez : page 118.

Nancy, imprimerie de A. LEPAGE, Grande-Rue, 14.

NOTES

SUR LA LORRAINE ALLEMANDE.

PAR M. LOUIS BENOIT.

Les anciens historiens s'accordent à reconnaître que l'Austrasie, au temps de Charlemagne, comprenait la Lorraine, le Westrich, l'Alsace, le Brabant et la Hollande. Cependant, quelques géographes et quelques érudits modernes, trompés par une fausse similitude de noms, ont confondu l'Austrasie tout entière avec le Westrich, et le Westrich avec le Sareland et le Sargau. D'autres ont prétendu que le Westrich était ce royaume fantastique qui n'avait existé que dans l'imagination du duc Charles IV, quand il voulut en doter son fils, le prince de Vaudémont, en 1675.

Malgré les transformations qu'il eut à subir, le nom de

Westerreich, *West-Reych*, *Westrasia*, *Vastum regnum*
en basse latinité, *Westruck*, *Wastriche*, *Wausterich*,
Westrich, se maintint jusqu'au XVIIIe siècle et servit à dé-
signer un pays partagé, il est vrai, entre une foule de
petits dynastes, mais qui, au milieu d'éléments hétéro-
gènes, sut conserver un caractère assez tranché pour fixer
non-seulement l'attention des personnes livrées aux recherches spéculatives, mais aussi pour frapper l'esprit des
gens du peuple, qui ne le confondirent ni avec l'Alsace,
ni avec le Palatinat, ni avec la Lorraine, ni avec les autres pays environnants.

I.

Au XVIe siècle, Lutzelstein, petite ville des Vosges,
avait un château et une douane fort importante; « c'était,
» dit Sébastien Munster, la clé du Westrich[1]. »

Einartzhausen, devenu le *burg* du comte Palatin, était
le passage des marchands de la France, de la Lorraine et
du Westrich pour l'entrée et la sortie de l'Alsace[2].

Voleyr nous apprend, dans sa Guerre des Rustauds, que
« ceulx de la Wastriche se commençoient fort à esmou-
» voir; » que le duc Antoine s'étant avancé à la tête de
ses troupes, « ladicte armée donnoit grand terreur aux ha-
» bitants de la Wastriche non accoustumez de veoir telle

---

1. V. Cosmographiæ universalis, libri VI. Basiliæ, 1552, in-fol. La
Cosmographie univers. contenant la situation de toutes les parties du
monde, par Seb. Monstere, 1558. (L. III, p. 512). — Dans l'édition
allemande (liv. 5, p. 884), on lit : Seind ein Schlüssel in das Weste-
reich; ce que la traduction française a rendu inexactement par « Clus
qui mène à Vuestrich. »

2. V. M. H. Lepage, les Communes de la Meurthe, art. Phalsbourg,
t. II, p. 274.

» foulle de gensdarmes si bien équipez, montez et armez. »
Le duc se dirigea vers « Sarrebourg qui est une bonne et
» forte ville située et assise ou pied des montaignes de
» Vosges, du costé de la Wastriche, sur la rivière de
» Sarre doulce et plaisante, laquelle fait séparation de
» plusieurs bons et fructueux territoires, joinctz avec le
» hault et puissant domaine du susdit duc Anthoine, fai-
» sant aussi son décours par maintes révolutions, sans
» grandement saillir de son cauge, jusques à se joindre
» avec Mezelle, ung petit au-dessus de Trière, noble,
» saincte et plus ancienne cité de Belge. » Plus loin, le
Polygraphe s'écrie, en parlant des paysans révoltés des
comtés de Créhanges, de Salm, de Deux-Ponts, de Bitche, du Nassau, de la baronnie de Fénétrange : « Com-
» bien que aulcuns de la Wastriche n'en laissèrent à pour-
» suyvre leur folle alliance et faulse entreprise, dont mal
» leur en print !⁴ »

Le Westrich ou *Vastum regnum*, comme l'appelle un
autre chroniqueur, Jean Herkel, était séparé de l'Alsace
par les Vosges : « Vosegus separans Lotharingiam et vas-
» tum regnum a Germania Cisrhenana. » Au mot *vastum*
est ajouté un renvoi : Vausterich, l'Austrasie. La première de ces annotations est juste; la seconde, inexacte;
car, lorsque le chroniqueur veut parler de l'Austrasie ou
de la Lorraine, il dit : « Rege in Austrasia, dux Lotha-
» ringiæ; » et non : « in vasto regno. » Dans un autre passage, il est question des salines de Dieuze. « Quid refe-
» ram limpidissimos fontes, quorum aquæ nonnulæ sunt

---

1. V. Lhistoire et recueil de la triumphante et glorieuse victoire
obtenue contre les séduyctz et abusez luthériens mescréans du pays
d'Aulsays. (Rec. de doc. sur l'hist. de Lorr. 1856, p. 26, 74, 81, 208.)

— 4 —

» potu suaves, aliæ amaræ et salsæ, unde sal candidum in
» vasto regno conficitur. » De Vaudrevange : « Apud Val-
» derphingam, quod oppidum in Vasto regno situm est
» ad ripam Saræ, colorem illum cœruleum et pretiosis-
» simum Assyrium (azur). » De Vergaville : « Eustasii
» reliquiæ hoc tempore apud Vergavillam Vasti regni pa-
» gum repositæ[1]. »

Un géographe du xvie siècle s'exprime ainsi : « De sorte
» que Lorraine seroit aujourd'huy avoisine vers l'Orient
» de l'Alsace et de ce pays qui plus spécialement s'ap-
» pelle Vestrasie. — Adeo ut Lotharingiæ hodie conja-
» ceant ad Orientem quidem Alsatia et que specialore
» natione Westrasia[2]. »

Mais c'est surtout sous la plume des chroniqueurs allemands que le nom de ce pays, constamment dénaturé,
revient le plus fréquemment. M. Louis Spach le mentionne
en parlant des rassemblements des paysans de 1525 et des
expéditions des Strasbourgeois sur le revers occidental des
Vosges à la fin du xive siècle. « Le Westrich ou Wester-
» reich, dit-il, fragment de l'ancienne Austrasie, est un
» district montagneux situé à l'ouest du Palatinat, au
» nord de la Lorraine allemande (?); il comprenait le du-
» ché de Deux-Ponts, les principautés de Birkenfeld et
» de Simmern, les comtés de Veldentz, de Spanheim, La
» Petite-Pierre, Linange, Saarbrück, Nassau et Bitche.
» — V. Iselin, t. IV, p. 869, col. 1.[3] »

« Le Westerreich ou Westrich, nom que l'on donnoit

1. V. Iohann. Herculani Pleinfesini historia, cap. 1 et 5. (Dom
Calmet, Hist. de Lorr., 1728, t. III. col. cxxxiv et cxxxv.)
2. V. les cartes de Gérard Mercator. Lotharingiæ ducatus, f. 70.
5. V. la Description du dép. du Bas-Rhin, publiée sous les aus-
pices de M. Migneret, préfet, p. 116 et 176.

» autrefois à l'une des cinq contrées qui composoient le
» Bas-Palatinat. Cette contrée s'étendoit depuis la Lor-
» raine et l'Alsace jusqu'à Oppenheim. Comme le Pala-
» tinat est divisé aujourd'hui en bailliages, les noms des
» anciennes contrées ne sont plus guère en usage. Davity
» donne une grande étendue au Westerreich. Il le borne
» au nord par le duché de Limbourg et par l'archevêché
» de Cologne; au levant, par les terres du Palatinat; au
» midi, par le duché de Lorraine, qui même faisoit au-
» trefois partie du Westerreich; et au couchant, par le
» pays de Lutzenbourg. Le nom de Westerreich, c'est-à-
» dire royaume de l'Ouest est donné à cette contrée pour
» la distinguer de l'Oesterreich ou royaume de l'Ost ou
» de Levant. — D'Audiffret, géogr., t. 3, p. 2144. »

« Le Westrich, suivant M. de Bouteiller, est la partie
» assez boisée et montagneuse qui s'étend à l'Est de la
» Moselle, arrosée par la Simmern et la Nahe, au sud
» du Hundsruck, qui, suivant le même auteur, est la par-
» tie méridionale de l'angle découpé par le Rhin, et la
» Moselle, jusqu'à leur réunion entre Oberwesel et Celle[2]. »

Ainsi que nous venons de le voir, cette contrée s'étendait
beaucoup plus loin au sud, car elle comprenait, d'après
une charte du xve siècle, reproduite dans l'histoire des
Wild et Rhingraves, Morhange[3]; d'après un autre docu-

---

1. V. le grand Dictionn. géogr. et critique de Lamartinière, art.
Westerreich. — Oesterreich, Autriche, Austrasia, ont la même
étymologie et sont opposés à Westerreich, Westrich, Neustria, etc.
De ces dernières dénominations, c'est celle de Westrich (plate teutsch)
qui a prévalu, parce qu'elle appartient à la langue du pays.

2. V. Hist. de Frantz de Sickingen, p. 212.

3. V. Hist. des Wild et Rhingraves (en allemand). Mannheim, 1769,
p. 91.

ment, Forbach[1], et tout ce qu'on appelle aujourd'hui la Lorraine allemande, mais non, comme l'avance Moréri, le Hundsruck, l'Eydel, c'est-à-dire le haut pays qui, de la basse Kyll, s'étend jusqu'à trois lieues en deçà du Rhin, entre Andernach et Sinzig, et tout le Wasgau; ce qui comprendrait une partie de la basse Alsace, Landau, Worms, Spire.

Des localités plus ou moins importantes, telles que Munster, et Insming, les couvents de Lixheim et de Herbitzheim, figuraient aussi dans le Westrich et se trouvent mentionnées dans le « Registre des rentes et revenus des abbayes, prieurés, chapitres, cures et chapelles sous les bailliages d'Allemagne, Westerreich et pays du Saulnoir », dressé par le président Thiéry Alix en 1568[2].

D'autres, comme Donneley, Ley, Aboncourt, Vintrimont, Vallerange et Lhor, sont désignées dans une charte de 1461 comme faisant partie du Westrich, du Welschland, du duché de Lorraine et de l'évêché de Metz[3].

« Il y a une province appelée Westrich, sur la rivière » de Sarre et aux environs qui contient plusieurs princi- » pautés et seigneuries, dont une des principales est la » principauté de Lixheim. » C'est ainsi que s'exprimait encore, en 1707, Rice, chargé par le duc Léopold de dresser l'état du temporel des paroisses dans le duché de Lorraine[4].

1. V. Notes sur le comté de Forbach par M. d'Huart. (Mém. de l'Académie de Metz, 1842, p. 113.)

2. Trésor des Chartes de Lorraine, reg. B. 284.

3. Vente des biens de l'abbaye de Neuvillers-en-Alsace au maréchal Jean et à Béatrix d'Ogéviller (en allemand). Arch. comm. de Fénétrange.

4. Trésor des Chartes, reg. B. 286-296.

Sarbrück est situé dans le Westreich, dit la notice de Dom Calmet.

Avant de clore la première partie de ces notes, que nous avons recueillies de côté et d'autre, sans ordre, mais avec le désir de les mettre au service de ceux qui s'occupent de recherches historiques, et en attendant qu'une plume plus exercée vienne les compléter et au besoin les rectifier, il nous reste à signaler la position hybride de plusieurs localités du Westrich, qui, au spirituel, étaient *nullius diocœsis*. Dans ce nombre il faut comprendre Lixheim, dont le couvent avait été ruiné et dont la ville n'existait pas encore au milieu du xvie siècle. C'est sans doute ce qui a fait commettre aux biographes de Wolfgang Musculus, fils d'un tonnelier, né à Dieuze en 1497, une erreur qu'il importe ici de relever. Ils rapportent que le célèbre prédicant luthérien entra, à l'âge de quinze ans « dans un couvent de l'ordre de Saint-Benoît, » qu'on avait bâti proche d'un lieu nommé Westric »; tandis que ce fut au couvent des bénédictins de Lixheim, situé dans le Westrich.

II.

La description du Westrich, qui nous paraît le plus en harmonie avec les chartes et les titres du moyen-âge, est celle de Sébastien Munster, que nous allons reproduire in extenso. La Cosmographie, dont elle fait partie, éditée à Bâle en 1552, parut successivement en latin, en français et en allemand. Cette dernière édition, la plus complète, à en juger par l'exemplaire que nous avons sous les yeux, et dont malheureusement il nous manque le titre, nous a servi à combler les lacunes qui se trouvent dans les éditions latine et française de la Bibliothèque publique de

Nancy. En revanche, l'article Westrich n'y est pas illustré
d'une gravure en bois, tandis que, sur l'édition française,
on voit un pêcheur à la ligne, au bord d'un étang, entouré
de nasses, et sur l'édition latine, un tendeur de filets cap-
turant des oiseaux. La première de ces vignettes, dont
nous reproduisons le fac-simile, paraît représenter un de
ces gentilshommes du xvie siècle dont les étangs et viviers
formaient, au dire du Cosmographe Bâlois, le principal
revenu.

Wuestrich c'est a dire le roy
aulme d'Occident.

« Le pays qu'on appelle vulgairement Westrich s'estend
» bien loing vers la Gaule, et plusieurs comtes et princes
» y président, à sçavoir les principaux : le duc de Zwei-
» bruck, c'est-à-dire du double-pont, et les comtes de
» Bitsch; le duc de Lorraine, les comtes de Nassauu,
» qui demeurent à Sarbruck; les comtes de Leiningen[1] et
» l'évesque de Trèves y ont aussi part.

» Aulcuns pensent que Westrich a esté jadiz le pays
» qui s'appeloit Neustria, mais ils errent grandement,
» pour ce que la Neustrie a occupé alors le dedans de la
» Gaule, à sçavoir le pays où aujourd'huy est la Norman-
» die. Quant à moi, je pense que ce nom de Westrich
» vient d'Austria, que les François ont nommé Austrasie,
» Oesterreich, c'est-à-dire royaulme de l'Est; car, par
» rapport à eulx, ce pays se trouvoit à l'Orient; tandis
» que, pour les Germains, c'est le Westreich, c'est-à-
» dire le royaulme d'occident, ce pays étant situé quant
» à eulx vers le soleil couchant. Semblablement aussi les

____

1. Linange.

» Saxons ont esté ainsi appelez Ostphallez et Westphal-
» lez, c'est-à-dire Orientaulx et Occidentaulx, ayant es-
» gard au fleuve Visurgis, vulgairement Wester; et les
» Goths ainsi ont esté distinguez en Ostogothz et Wisigothz[1].

« Or Westrich est assez bonne terre et commode à
» l'habitation des hommes. Elle produict beaucoup de from-
» ment, mais peu de vin. Elle nourrit grand bestial et
» abonde en estangz, dont les uns s'estendent jusques à
» une ou deux lieux (dont quelques uns ont de un à deux
» milles en longueur). Et y a tant de poissons que la
» pesche d'aulcuns vault quelques milles d'escuz (plusieurs
» mille florins ou gulden). Les gentils-hommes (des Adels)
» qui habitent en ce pays n'ont point de plus grandz re-
» venuz que leurs estangz et viviers. Ainsi le commun
» père de famille céleste a donné à chascune terre quel-
» que chose dont les habitantz puissent commodément
» vivre. Les principaux estangz sont ceulx de Stockweyer,
» Guldelinger, Linderweyer, Thusweyer, etc[2].

» Ceste région produict aussi aulcunes pierres excellentes
» et principalement de la croy rouge (rotelstein), qu'on
» trouve en grande quantité près d'une ville qu'on appelle
» S. Vendelin (S. Wendel) et une aultre pierre qu'on
» appelle Calcédoine (Kaltzedonien), laquelle on trouve
» en ce lieu en grande abondance, et puis on la porte à
» Fribourg en Brisgou, pour la nettoyer et polir.

» A S. Quirin, gros village qu'on appelle vulgairement
» S. Curi, se font et accoutrent de fort bons miroirs

1. V. Mercator, lotharingiæ ducatus pars sept. — Ph. Cluverii
introductionis in univ. geograph. Amstelod. 1629. p. 126. — Merulæ
cosmographiæ gener. libri tres. Amsterdam, 1631, p. 483. — Th.
Corneille. Dictionn. géogr.

2. Etangs de Stock, de Gondrexange, de Lindre, de Dieuze, etc

» (die besten spiegel) et aultres sortes de verres (und
» ander glasswerck).

» Sarbourg, qui est une ville impérialle assise jouxte le
» fleuve de Sar, est aujourd'huy sujette à l'Evesque de
» Trêves[1].

» En la ville de Thus y a une mine de sel (Saltzertz[2]).
» Item on fouyt près de Landsberg du vif argent
» (quecksylber).

» Item Sarwerden, Buckenheim, Diemeringen et Phings-
» tingen quatre petites villes (vier stattlin); les comtes de
» Nassaun, qui ont succédé aux comtes de Sarwerden, y
» dominent aujourd'huy[3].

» Sierk, château et petite ville, Wolderfingen (Vaudre-
» vange), petite ville, Béris, petite ville, Gemünd an der
» Sar (Sarreguemines), château et petite ville appartien-
» nent au duc de Lorraine.

» S. Wendel, Bleich, Castell, deux petites villes sont
» à l'évesque de Trèves.

» Lauterecken, un château, Bockweiler, Liechtenberg,
» Küschel et Müschel, deux petites villes, Kirkel et alten
» Kirkel, le tout au duc du double-pont.

» Medesheim, une ville au susdit duc et au comte de
» Bitsch.

1. Sarburg ein Reichstatt qu'il ne faut pas confondre avec Sarburg Kaufmann dont il a été parlé précédemment.

2. Dieuze en allemand Douze.

3. Là s'arrête le texte de l'édition française de la bibliothèque de Nancy, qui provient du couvent des Tiercelins. En marge on a écrit : *gallice Fénestranges.*

» Alben (Sarre-Albe), château et petite ville au Lorrain
(schloss und Stattlin, des Lothringers[1]).

» Fyrtbach (Forbach) et Riexingen (Réchicourt-le-Château), deux petites villes au comte de Leiningen.

» Fieuers (Viviers), petite ville et château au comte de
» Salm[2].

» Merchingen, petite ville et château aux Rheingraffen[3].

» Hohenburg (Hombourg) château et bourg[4] aux com-
» tes de Nassauu, ainsi qu'Ottweyler, Bocherbach, etc. »

Ici finit l'article Westrich de l'édition allemande de
Séb. Munster; il présente un tableau assez exact du morcellement de ce pays, dans lequel les ducs de Lorraine
avaient taillé leur bailliage d'Allemagne, et où ils avaient
été chercher pour grands officiers de leur couronne les
descendants de ces hauts barons, qui furent les contemporains des premiers ducs, leurs pairs et quelquefois leurs
adversaires sur le champ de bataille.

L'origine tudesque de ces puissants personnages a souvent dérouté les lotharingophiles, qui, dans leurs nomen-
clatures, ont omis des noms, comme ceux des rhingraves,
et déclaré étrangers à la Lorraine et à son histoire les
Egide de Rodemack, les Henri de Vinstinga, et d'autres
chevaliers dont les faits et gestes sont relatés dans les

1. Il est à remarquer que la langue française y est plus répandue
qu'aux environs.

2. A ajouter Baltzweiler (Badonviller).

3. Morhange était la principale résidence d'Otto de Kyrbourg, dont
la pierre tombale se trouve au musée Lorrain.

4. Il y a dans le texte allemand Markt que l'on peut aussi traduire
par marché ou frontière.

chroniques messines et dans l'histoire du savant abbé de Senones[1].

III.

Le duché de Lorraine avait été divisé en trois bailliages; celui de Nancy, celui de Vosges et celui d'Allemagne. Au milieu de fiefs relevant du Saint-Empire, se trouvaient des enclaves de la Lorraine. La politique envahissante des ducs cherchait à reconstituer le royaume d'Austrasie, et au XVIe siècle ils étaient parvenus entr'autres à faire reconnaître leur suzeraineté dans une partie de la baronnie de Fénétrange, une des archi-maréchaussées de l'Empire; dans une partie du comté de Lützelstein[2], que Schœpflin place en Alsace, tandis que d'autres historiens en font une dépendance de la Lorraine. Le comté de Nassau-Sarwerden, qui n'était pas compris dans l'Alsace, quoiqu'il fasse aujourd'hui partie du département du Bas-Rhin, Lixheim, ville moderne, fondée par l'électeur Palatin, qui lui avait octroyé une charte en 1608, avaient résisté, ainsi que la commanderie de Saint-Jean-de-Bassel et d'autres seigneuries, qui faisaient partie du Westrich et non de la Lorraine.

Le hasard nous a fait découvrir, sur le finage de Hellering (Meurthe), une borne triangulaire, au millésime de 1604, ornée sur chaque face d'armoiries différentes; le lion des Lutzelbourg, seigneurs de Sarreick; l'écu fascé de Fénétrange et le globe d'archi-maître d'hôtel de l'em-

1. V. l'avant-propos de la table générale du Catalogue raisonné des collections lorraines de M. Noël, t. III, p. 1117.

2. La Petite-Pierre n'appartenait ni à l'Alsace, ni à la Lorraine, ni au Palatinat, mais au Westrich.

pire de l'électeur Palatin du Rhin, seigneur de Lixheim[1].
Encore aujourd'hui, la vallée de la Sarre, de Niederstinzel à Sarwerden, est désignée sous le nom de Nassau,
et les villages que l'on rencontre avant d'arriver à la Petite-
Pierre, sous celui de Laendel (petit-pays).

Dans le dénombrement du bailliage d'Allemagne pour
la contribution impériale en 1367, on trouve la seigneurie
de Sarreick, celle de Fénétrange, seulement pour la part
du comte de Salm, Bitsch et Lemberg, Sarbourg en Lorraine, les chastellenies de Morsperg et de Dieuze, la ville
terre et seigneurie de Guemunde, Puttelange, Dieffenbach,
Forbach, Faulquemont, Boulay, Sierck, Bérain, Schauen-
bourg, Keller noster prévosté, Valdevrange, Sarre-Albe.
On peut aussi consulter le dénombrement du duché de
Lorraine en 1594, par le président Alix.

Le Trésor des Chartes de Lorraine possède deux pièces
inédites que nous reproduisons entièrement pour mieux
apprécier la nature et l'étendue du bailliage d'Allemagne.

La première est intitulée : Lettres délivrez par le secrétaire Humbert pour envoyer aux vassaulz du bailliage
d'Allemalgne le 9 octobre 1592[2].

1° Aux Gentilshommes et Vassaulz (40) :
Une au comte Philippe de Nassau (cousin).
au comte Emich de Linanges (cousin).
au comte Emich le nepveu.

1. V. Nous avons déjà eu occasion de signaler, dans les Notes sur
la Lorraine allemande, publiées en 1860 dans le Journal de la Société
d'Archéologie, une borne non moins curieuse, celle de Hambach.

2. V. Trésor des Chartes, layette Etats Généraux additions, n° 50.—
M. Beaupré, Essai historique sur la rédaction officielle des principales
coutumes et sur les assemblées d'Etats, p. 84.

au comte Frederich (cousin).
au comte Otto (cousin).
au comte d'Hartembourg (effacé).
au sr. de Reispolkirch.
au sr. de Créhanges Baucourt.
au sr. Guillaume de Créhanges.
au sr. Peter Ernst de Créhanges.
au sr. Christophe de Créhanges.
au sr. de Palan.
au sr. Jean de Recepen.
au sr. Guillaume de Soteren.
au sr. Valentin Faust de Schambourg.
au sr. Georges Guillaume de Sotteren.
au sr. Philippe Jacob de Fleisheim.
au sr. Olry de Tromberg.
au sr. Nicolas de la Layen
au sr. Philippe de la Layen
au sr. Jean de Warnsperg
au sr de Braubach
au sr de Liebstein
au sr de Crantz
au sr de Hausen
au sr. de Helmstadt pour Hinquessange
au sr. de Helmstadt pour Chatel Voué
au sr de Honstein (ces trois derniers sont effacés)
au sr. de Dietz
au sr. de Schmittbourg.
au sr de Lavenstein.
au sr capitaine de Siersberg.
au sr. Philippe Stratt et Jean de Brisgen.
      de Saarinsming
au sr Jean de Bitche, dit Kuntersperg

au sr Anstett de Bitche, dit Kuntersperg
au sr Alexandre Mussot de Sierck
au sr. de Lutzelbourg
au sr. de Falkenstein Eberstein
aux deux comtes d'Eberstein
au sr. de Gressnick

2° Aux prélats et chapitres (16) :
Une à l'abbé de Bouzonville
à l'abbé de Freistroff
à l'abbé de Stulzerbronn
à l'abbé de Tholey
à l'abbé de saint Avold
à l'abbé de Longueville
à l'abbé de Metloch
à l'abbé de Wadgaz
à l'abbé de Willers Bettnach
à l'abesse et chapitre de Fraulautern
au prévot et chapitre de Marienfloss
à l'abbesse et chapitre de Vergaville
au prévot et chapitre de Sarburg
au prévot et chapitre de saint Pierre de Trèves
au prieur d'Amange
au prieur de Zelle.

3° Aux villes (16) :
Une au maire et habitans de Morhange
au maire et habitans de Hombourg
au maire et habitans de Dieuze
au maire et habitans de Faulquemont
au maire et habitans de Saint Avold
au maire et habitans de Belrain
au haut maire et habitans de Guemunde

au prévot, gens du conseil et habitans de Sarburg

au maire et habitans de Bitsche

au maire et habitans de Boulay

aux gens de justice et habitans de saint Hyppolite

au maire et habitans de Puttelange

au maire et habitans d'Albe

au maire et habitans de Valdevrange

au prévot, gens de justice et habitans de Forbach

au maire et habitans de Sierck.

« Fault y adjouter ceulx qui reprengnent à cause de la
» seigneurie de Bitsch que le sieur comte de Hanau a
» remis à son altesse.

» Toutes les lettres cy dessus ont esté délivrez par le
» secrétaire Humbert à Jacques Tholley, messager juré
» de son Altesse, demeurant à Nancy, pour les porter aux
» receveur et lieutenant de Valdrevange affin de les faire
» tenir et envoyer par les sergens de bailliage aux messa-
» gers allemands dudit lieu suivant les lettres que son
» altesse a escript, et qu'ils aient à enjoindre auxdicts
» messagers de tirer récépissé des prélats, vassaux,
» villes et autres à qu'ils en délivreront.

» Ce jourd'huy neuviesme d'octobre 1591.»

Dans le Rolle des lettres pour les états-généraux aux
députés du bailliage d'Allemagne le 12 janvier 1616[1], les
93 destinataires de missives ne sont plus placés par ordre
de préséance ; pour faciliter les recherches nous les avons
rangés par ordre alphabétique :

Albe (la ville d').

Allemagne (le bailli d')

Amange (le prieur d').

1. V. Trésor des Chartes, layette Etats-generaux, additions. n° 50

Bérain (la ville de).
Berguim (le sr. de).
Bitche (la ville de)
Bittendorf (le sr. de)
Boulay
Bourguignon (le sr.)
Braubach (le baron Charles de).
Charles.
Créhange (le baron Pierre Henri de).
Dau (le sr.) commandeur de la ville de Nancy.
Dietz (Guillaume).
Dietz (le sr).
Dieuze (la ville de).
Dombasle (le sr. de)
Eberstein (le comte d').
Falkenstein (le comte de)
Faulquemont (la ville de)
Fleckenstein (le sr. de)
Fleibstein (le sr. de)
Floër (Marion).
Forbach (la ville de)
Frauloutern (l'abbesse de)
Freiberg (le baron de) à Forbach
Freystroff (l'abbé de)
Freussel (le sr.)
Guermange (le sr. de)
Hanau (le comte de)
Hausen (Alexandre Sambson de)
Helmstadt
Hombourg
Huart
Hunolstein

Imling (le sr. de)[1]
La Layen (Jean-Adam de) à la motte
La Layen (Philippe de)
Landsperg (Jean Frédéric de)
Landsperg (Jacob de)
Laruelle (le sr. de).
Linange (le comte Jean-Louis)
Linange (le comte Philippe-Georges)
Linange Forbach (le comte de)
Linange Réchicourt (le comte de)
Longueville (l'abbé de)
Louzbourg (Bernard de)
Lôvenstein (le sr. de)
Mariment (le baron de)
Marmoutier (l'abbé de)
Metloch (l'abbé de)
Michel (le sr.)
Mittdenin (le sr.)
Morhange
Morhange (le comte de)
Phalsbourg (la ville de)
Phalsbourg (le commandeur de)
Puttelange (la ville de)
Puttelange (le comte de)
Puttelange (le comte de)
Reinach (le sr. de)
Rettel (les chartreux de)
Ribeaupierre (M. de)
Saillart (le sr.)
St. Avold

1. Weigaud de Lutzelbourg.

St. Hyppolite (la ville de)
St. Maximin
Salbourg (le commandeur de)
Sarrebourg (la ville de)
Sarrebourg (l'église de)
Sarregueminde
Saubourel
Schambourg (Jean de)
Schmittemberg (le sr. de)
Sierck (la ville de)
Sittven (le sr. de)
Steinkallenfeld (le sr. de)
Strombourg (valentin paul fogt de)
Sulz (le comte de)
Sulzbach (la ville de)
Tannchick (le sr. de)
Theyley (Krantz de)
Tholey (l'abbé de)
Trêves (le chapitre de)
Vadgaz (l'abbé de)
Varize (le cte de)
Vaudrevange
Vergaville (l'abbesse de)
Vilz (le baron de)
Warnsberg (Gambs de)
Warnsberg (Walter de)
Zandt
Zelle (le prieur de)

Nous n'avons pas ici à rechercher dans quelle proportion le Tiers-Etat était représenté dans ces assemblées,
sur lesquelles les documents font généralement défaut;
mais seulement à constater que les Salm, les Créhange,

les Morhange, et quelques autres seigneurs du bailliage d'Allemagne tenaient le premier rang aux Etats-généraux de Lorraine. A celui du 1er mars 1594, où figuraient 54 députés de la noblesse, on trouve au premier rang Jean IX, comte de Salm; au cinquième et au sixième, Friderich, comte sauvage du Rhin et de Salm, grand écuier de Lorraine, et son cousin Otho, comte sauvage du Rhin, sieur de Morhange; au huitième, Peter Ernst de Créhange, etc. On les appelait les *Hauts-Hommes*, parce qu'à la réunion des Etats, ils étaient placés sur le même haut-dais que le prince; tandis qu'autour d'eux étaient rangés les anciens chevaliers, les gentilshommes, c'est-à-dire ceux de quatre races qui avaient obtenu des lettres de gentillesse, les nobles qui en avaient moins, et au dernier rang les anoblis. La noblesse du Westrich jouissait aussi d'une certaine prééminence dans la cité de Metz : quand l'évêque Georges de Bade fit son entrée en 1461, il était escorté de ses « haults hommes, monseigneur le comte de Bitche, de Sarrebruche, de Sarwerden, et messeigneurs les comtes de Salme et de Fénestranges et plusieurs autres[1]. »

Tous ces seigneurs dépendaient du cercle du Haut-Rhin, qui avait été le cinquième, celui du Rhin.

Le duc de Lorraine en faisait partie : il possédait le

---

1. V. les Chroniques messines de Huguenin. p. 235. — Mém. sur l'état de la Lorraine à la fin du xviie siècle (Recueil de documents sur l'histoire de Lorraine, publié par la Société d'Archéologie, p. 71). — Coustumes générales du duché de Lorraine ès bailliages de Nancy, Vosges et Allemagne. Nancy, 1614, f. 58. — Durival. Descr. de la Lorr. t. I. p. 510 — Dans les Chroniques messines de 1587, il est aussi question des hauts hommes de l'évêque de Metz, appartenant tous à la noblesse du Westrich.

marquisat de Nomeny et le comté de Blâmont, fiefs de
l'Empire; mais il n'en écartelait pas ses armes, ni des
terres qu'il tenait en relevance par les lettres d'investiture
de Rodolphe II. Depuis le traité conclu par Ferdinand,
roi des Romains, et le duc Antoine, le 25 août 1542, la
Lorraine avait été déclarée duché souverain, sous la pro-
tection du Saint-Empire, exempte de la juridiction de la
Chambre impériale et du contingent des mois romains,
mais non de la contribution connue sous le nom de land-
frid, inscrite dans la matricule de 1654, sans que cependant il en fût tiré aucune somme.

Quant aux autres états du cercle du Haut-Rhin, ils con-
tribuaient tous aux charges de l'Empire : ils étaient la
plupart états mixtes, parce qu'ils étaient à la fois vassaux
d'autres états et de l'Empire : les Wild-et-Rhingraves, qui
prétendaient descendre des comtes forestiers (*comes syl-*
varum), établis par Charlemagne dans la forêt d'Arden-
nes, portaient, depuis 1495, le nom et les armes de Salm ;
ils étaient vassaux du duc de Lorraine, de l'électeur Palatin et de l'Empire ; ce qui ne les empêchait pas d'être représentés à la diète générale parmi les comtes de Vété-
ravie, et d'avoir aux assemblées du cercle du Haut-Rhin
droit de séance et autant de voix qu'ils avaient de fiefs,
dont le nombre était indiqué par les casques du cimier de
leurs Armoiries : celles des rhingraves étaient timbrées
de trois casques et celles des princes de Salm de cinq.

Après les comtes venaient les gentilshommes libres,
qui tout en jouissant des mêmes priviléges que les autres
états immédiats d'Allemagne dans leurs fiefs, avec droit
de séance et de suffrage dans les assemblées du cercle,
n'avaient cependant pas celui d'être appelés à la diète
générale. Quelques-uns portaient le titre de toujours li-

bres, comme les Westerbourg (*die semper freye von Westerburg*[1]); d'autres, comme les Fénétrange, anciens barons de nom et d'armes, voulurent simplement être appelés *freyherr*, ce qui est plus que *herr*, titre que prenaient tous les nobles d'Allemagne[2].

Leurs droits régaliens, leurs priviléges, plus étendus que ceux des comtes et barons de la Lorraine proprement dite, leur avaient permis, à la suite de la paix de religion de 1555, d'introduire la réforme dans leurs domaines et de dépouiller de leurs biens les couvents et les collégiales du Westrich[3].

Quand Louis XIV, continuant l'œuvre de Richelieu, se fut emparé de la Lorraine et eut établi les Chambres de réunion, il soumit sous son sceptre les petits dynastes que le duc de Lorraine n'avait pas su contenir, et il fit du département de la Sarre[4] une province française, dont M. de la Goupillière fut intendant en 1682, et dont le chef-lieu fut Sarre-Louis, ville qu'il bâtit et fortifia en 1680. Vaudrevange, qui avait été le siége principal des assises d'Allemagne, mais non la résidence habituelle du bailli, ne fut plus qu'un simple village du diocèse de Trèves, sous la dépendance de Sarre-Louis.

En résumé, le Westrich, fragment de l'Austrasie de Charlemagne[5], une des provinces dont les ducs de Lor-

1. Georges, « comte de Leiningen, seigneur de Westerbourg et Chambourg, toujours franc, » signa avec les Rhingraves et les autres colonels de reîtres, le manifeste de 1568.

2. V. Heiss. Hist. de l'Empire. Amsterdam. 1733, t. II. p. 7 et suiv.

3. V. la deuxième partie de notre brochure sur les Rhingraves et les Reîtres pendant les guerres de religion du XVIe siècle.

4. V. arch. dép. coll. de Fénétrange. 10e. l. no 258.

5. Dans le partage de 870 entre Charles-le-Chauve et Louis-le-Germanique, à ce dernier échut le Westrich qui comprenait l'Albechowa,

raine étaient marchis[1], était devenu le royaume de l'Ouest
et avait été compris dans le cercle du Rhin ; puis avait été
envahi par le Palatinat, l'électorat de Trèves et le bailliage
d'Allemagne, qui en avait fait la Lorraine allemande, et
enfin par le grand roi, qui en avait fait le département de
la Sarre. L'élément français l'ayant emporté, cette déno-
mination surannée de royaume de l'Ouest ne tarda pas à
s'effacer et ne se rencontre plus que sur quelques cartes
allemandes.

IV.

Si nous consultons les anciens monuments géographi-
ques, nous retrouvons le Westrich occupant, dans une
carte dédiée à Charles III (Lotharingiæ ducatus superio-
ris vera delineatio. Coloniæ Agrippinæ. Exc. Joann. Bus-
semecher), l'espace compris entre Vistingen, Merspurg
et Falquemont; dans celle de Specklin (Strasbourg, 1576),
les comtés de Lutzelstein et de Dabo ; dans l'édition française de Séb. Munster (p. 510), la région montagneuse
bornée par Zweibruck et Bingen; enfin, dans le Ptolémée
de Jean Schott (1513), la moitié de la carte destinée à René
II, qui possédait dans le Westrich de nombreux enclaves[2].
Gravé en bois, à trois teintes, bleu, rouge et noir, frappé

le Sarachowa supérieur et le Sarachowa inférieur, le Blesitchowa (pays
de la Bliese), le Nitachowa (pays de la Nied), etc.

1. Dès 869 Charles-le-Chauve avait établi sur la Sarre, un comte de
Sargau (gaw, contrée), appelé plus tard comte de Marche, ou Marchis,
parce qu'il avait la garde de sa frontière. (Ms. cité par Dom Calmet dans
sa dissertation sur le titre de Marchis que prennent les ducs de Lorraine,
col. IV.)

2. V. une carte du duché en 1725, qui place le Westreich entre le
Hunsruck et la principauté de Birkenfeld ; une autre de 1746, s. n. d. l.
avec le Westruck (sic) entre le Hunstruck et le Nahegosw.

comme les pièces d'orfévrerie, ce curieux spécimen de xylographie, qui a précédé de plus de trois quarts de siècle les cartes de Lorraine de Gérard Mercator et du président Alix, a déjà été décrit[1]. Dressée à Saint-Dié, où elle devait être mise au jour, cette carte de Ptolémée, marquée à la couronne, est la seule où l'on retrouve un véritable luxe de détails comparativement aux autres cartes de la même édition. Elle a pour légende : Secunde partis Ptolemæi finis : opera Iohannis Schotti Argentinen. ANNO CHRISTI OPT. MAX. 1513. Dans notre exemplaire, ex libris fratrum minor. bruxill. 1525, un ton jaunâtre domine la teinte d'azur des écussons, forêts, montagnes, rivières, etc. Les degrés de latitude y sont marqués, comme dans Mercator; elle a une échelle milliaire, et 258 de large sur 552 de haut. Nous ajouterons qu'elle renferme les principales villes et bourgades de Trèves à Plombières (Plumerium), et de Saverne à St.-Mihiel (S. Michael); que les noms en sont indiqués par des minuscules gothiques en noir et en rouge pour les principales. Voici celles que l'on remarque sur une des planches qui accompagnent cette étude géographique et qui reproduit en fac-simile la partie de la carte de Jean Schott, où se trouvent le Westrich et le cours de la Sarre depuis ses sources, aux pieds du Donon, jusqu'à son embouchure dans la Moselle, à Consarbrück, près de Trèves : Bénestroff, Bérain, Bidestroff, Blâmont, Boulay, Deux-Ponts, Dieuze, Fauquemont, Fénétrange, Forbach, Hombourg,

1. V. M. Beaupré. Recherches hist. et bibl. sur les commencements de l'imprimerie en Lorraine, p. 85. — Le nom de Jean Schott, l'éditeur du Ptolémée, apparaît au commencement du XVIᵉ siècle dans la pléiade littéraire de Strasbourg : il est cité dans l'histoire de la Basse-Alsace de M. Louis Spach. (V. Descr. du dép. du Bas-Rhin, loc. cit.)

Lagarde, la Petite-Pierre, Lindre (*dilissima plaga in sale et piscibus*), Morhange, Réchicourt-le-Château, St.-Avold, St.-Quirin (*hic sunt specula*), St.-Vendel, Sarre (*fluvius*), Sarre-Albe, Sarrebourg, Sarrebruck, Sarreguemines, Sarre-Union, Sarrewerden, Schambourg, Siersberg à l'embouchure de la Nied, Vaudrevange (*hic reperitur lasurium*), Westrich[1]. Ses limites étaient : au nord, le Hundsruck, et au sud, le bailliage de Nancy, à l'est, les Vosges, et à l'ouest, la Moselle.

En tête de la carte que nous venons de décrire, dans un médaillon au champ de gueules, se trouve un écusson à quatre cotices d'azur, entouré de la légende : DOMINII VASTI REGNI[2]. A côté, dans un médaillon au champ d'azur, se trouve un écusson de même dimension, chargé de la bande de gueules aux trois alérions de Lorraine, ainsi que l'indique la légende : DVCATVS LOTHARINGIE. Dans l'art héraldique, aucune particularité, quelqu'insignifiante qu'elle paraisse, ne doit être négligée, et ici nous remarquons que les armes du Westrich occupent la place d'honneur, c'est-à-dire sont à la gauche du spectateur, tandis que l'écu de Lorraine est à droite. Serait-ce parce que le Westrich était, pour René II, l'ancienne Austrasie de Charlemagne, qu'il y confondait la Lorraine, qui, à ses yeux, n'était qu'une dépendance de l'empire carlovingien,

---

1. Nous avons francisé les noms de la carte du Westrich en omettant ceux qui appartiennent à l'évêché de Metz, comme Vic, ou à la Lorraine proprement dite, comme Lunéville ; il en est un cependant, que nous devons signaler, c'est le Batum ou Hatum de la Vezouse, où l'on a cru reconnaître Haudonviller (aujourd'hui Croismare). Les noms allemands des cantons de plusieurs villages français, comme Blanche-Eglise, etc., indiquent qu'ils faisaient partie du Westrich.

2. V. la planche d'armoiries.

dont les descendants de Gérard d'Alsace revendiquaient l'héritage ?

Dix-sept écussons d'un plus petit module sont placés à droite et au bas de la carte de Jean Schott : très peu appartiennent à la lorraine proprement dite, et on ne saurait guère y comprendre que ceux de Vaudémont, Chatel et Apremont. Ils sont rangés méthodiquement, du côté de l'écu de Lorraine, comme une de ses dépendances, sous la légende suivante : *Comitatus et Baronatus Lotharingie et Vasti regni*. Ce sont d'abord les comtés, sur la colonne verticale : WADEMONT, BLAMONT, BVXINGA, SALM, SARWERD, SARBRVC, ZWEIBRVC; puis au bas de la carte, en allant de droite à gauche, les baronnies : BITSCH, VINSTINGA. BOLCHEN, LVTZELSTEIN, BENSTHDORF, CHASTEL, APERMONT, SIRK, KRIECHINGEN et BARRAIN.

Nous ne blasonnons pas les armes de tous ces dynastes, que le curieux peut facilement trouver dans les traités spéciaux. Quant à celles du Westerreich, Westrich, que nous reproduisons d'après un Armorial du Saint-Empire romain de 1657, où elles sont opposées à celles de l'Oesterreich, Autriche[1], elles sont cotticées d'argent et d'azur de six pièces. Le timbre consiste en un casque d'argent en tiers point, treillissé de barreaux d'or, orné de même, couronné et surmonté d'un lion acculé d'argent, à la queue fourchue, couronné d'or et de trois houpes de plumes de gueules, d'or et d'argent. Les lambrequins sont aux couleurs de l'écu.

C'est la similitude que ces armoiries ont avec celles du Vastum regnum de Jean Schott, qui nous a amené à exa-

---

1. V. Wappen-buch. Nurenberg. 1657, 2ᵉ part. p. 5. (bibl. de Nancy.)

miner quel était ce royaume aussi ignoré aujourd'hui que le duché d'Athènes ou l'empire de Trébizonde. Dans ce voyage entrepris à la recherche de pays inconnus, nous avons surtout été guidé par les principes de l'art héraldique, cette science trop négligée de nos jours, qui nous a fait récemment découvrir dans un bas-relief de Fénétrange une des pages les plus curieuses de l'histoire du Westrich.

Nancy, imp. de A. LEPAGE, Grande-Rue, 14.

NOTES SUR LA LORRAINE ALLEMANDE.

LA

CHAPELLE CASTRALE

DE FÉNÉTRANGE.

PAR M. LOUIS BENOIT.

La révolution architectonique amenée par la renaissance,
ne se fit pas brusquement ; elle s'opéra par le mélange des
caractères propres aux deux styles : tandis que les baies
des portes et des fenêtres étaient en plein-cintre, les voûtes
de grande portée et les réseaux des fenêtres conservaient
encore une forme ogivale.

On rencontre un spécimen assez rare de la dernière
époque du gothique de transition dans une salle voûtée,
située dans l'aile orientale du château de Fénétrange, entre
l'ancienne cour d'honneur et une terrasse escarpée, aux
pieds de laquelle coule la Sarre. C'est la chapelle castrale,
dont la construction ne remonte qu'aux dernières années

du XVIe siècle. Elle est éclairée par trois fenêtres à larges ébrasures, à arêtes vives, à doubles baies en plein-cintre, inscrites dans une ogive à réseau flamboyant. Un lourd pilier cylindrique, de 70 centimètres de diamètre et de 5 mètres 90 de hauteur, dont le chapiteau cubique n'est orné d'aucune moulure, divise en deux parties cette chapelle, qui forme un quadrilatère de 8 mètres 50 sur 8 mètres 50 ; il s'unit par une doucine munie d'appendices en forme de feuilles d'eau grossièrement découpées, à une plinthe carrée, qui est assez élevée pour être regardée comme un socle. Ce pilier, dont la base n'est pas munie de tores séparés par une scotie profonde, ce qui accuserait le XIIIe siècle, semble toutefois remonter à une époque antérieure à la chapelle actuelle, et avoir fait partie de l'ancien burg des sires de Fénétrange. C'est sur ce pilier que repose un arc doubleau qui soutient une voûte d'arête, aux nervures prismatiques, formées d'un bandeau plat accompagné de deux doucines qui vont se perdre dans six colonnettes dont les chapiteaux toriques sont à la hauteur des tablettes des fenêtres, c'est-à-dire à 1 mètre 80 du sol. Près de la porte d'entrée principale, aujourd'hui détruite, et communiquant à la cour d'honneur, se trouve un bénitier en pierre, sans moulures, encastré dans le mur. Une petite porte en plein-cintre, sans ornementation, donne sur la terrasse ; une troisième a été murée : c'était celle par laquelle le châtelain se rendait à une tribune dont il ne reste plus que les corbeaux. Une ouverture moderne mène à une cuisine dans laquelle on a construit la gueule d'un four avec l'arcade d'une des portes de la chapelle, dont l'agrafe est décorée d'une tête d'ange et les tympans de crosses renversées, qui présentent les caractères de l'ornementation du commencement du XVIIe siècle. A l'extrémité

du fer-à-cheval que forme l'aile du château qui renferme
la chapelle castrale, à l'angle oriental, s'élevait un clocher
indiqué sur les anciens plans, et l'on prétend qu'il servit
de poste d'observation, quand la tour de Salm se fût
écroulée en 1765. Dans la voûte, entre deux nervures,
une ouverture carrée permettait sans doute aux personnes
qui étaient placées dans les appartements supérieurs,
d'entendre l'office. Quant au sol, il est dépouillé de ses
anciennes dalles ; quelques planches dissimulent mal l'entrée d'un caveau funèbre, qui, pendant les dernières
invasions, servit à cacher les archives communales.

Les deux clefs de voûte formées par les intersections
des croisées d'ogive ont conservé les armoiries des fondateurs.

Celle du sud est décorée d'un écusson arrondi par le
bas et terminé en pointe. Il porte écartelé au 1 et au 4
d'argent à trois fasces de gueules pour Croy ; ce sont les
armes des anciens roi de Hongrie ; au 2 et au 4 d'argent
à trois douloirs de gueules, deux en chef, un en pointe,
pour Renty ; et sur le tout, les armes pleines de Lorraine,
dont les Croy chargeaient leurs armoiries, par suite du
mariage de Philippe de Croy et d'Anne de Lorraine, en
1548. Au lieu du timbre consistant en un casque couronné
et surmonté d'une tête de braque de sable, accolé d'or et
accosté d'un vol d'argent et de gueules, aux huchements
de même, se trouve une couronne ducale. La devise
était : Sans fin Croy.

La clef de voûte septentrionale est décorée d'un écusson
en lozange, ce qui, d'après les règles du blason, indique
qu'il appartient à une femme. Il porte parti de Croy et de
Dompmartin. Nous venons de voir les armes de Croy.
Dompmartin porte écartelé au 1 et au 4 de sable, à la croix

d'argent, pour Dompmartin ; au 2 et au 3 d'or, à la fasce eschiquetée d'argent et de gueules de trois traits, au lion issant de gueules, pour Lamarck ; et sur le tout d'azur au croissant d'argent, surmonté d'une croisette accompagnée de deux étoiles de même, qui sont les armes parlantes de Diane de Dompmartin, duchesse de Croy, marquise de Havré ; armes parlantes que nous n'avons rencontrées nulle part ailleurs. Une couronne ducale figure à la place du timbre de Dompmartin, qui consiste en un vol orné de huchements aux couleurs de l'écu. Quant à celui de Lamarck, il consiste en une tête de taureau, affrontée de gueules, armée et allumée d'or, surmontée d'une couronne cerclée de la fasce de Lamarck, rehaussée de fleurons d'or, aux huchements de gueules doublés d'or.

Le caveau sert aujourd'hui aux usages les plus vulgaires, et la chapelle, dont la partie supérieure a été transformée en grenier à fourrages, et la partie inférieure en écurie à l'aide de nombreuses cloisons, est menacée d'une destruction prochaine.

Tel est le monument, insignifiant pour les uns, curieux pour les autres, dont nous avons entrepris de reconstruire l'histoire, à l'aide de différents matériaux dispersés dans le Trésor des Chartes de Nancy ou dans les collections particulières.

I.

Plusieurs années avant la guerre de Trente ans, des signes précurseurs de l'orage qui allait éclater sur les frontières de la Lorraine s'étaient annoncés en Alsace par la guerre épiscopale de 1592 et par la guerre de Strasbourg, de 1610.

La petite ville de Fénétrange, qu'une communauté d'intérêts reliait aux provinces rhénanes, fut, à son tour, en 1615, le théâtre d'événements analogues : l'union protestante y était représentée par les Rhingraves[1] et la ligue catholique par Diane de Dompmartin.

Diane, de l'ancienne chevalerie lorraine, alliée aux Duchatelet, aux Bassompierre, aux Bayer de Boppart, aux d'Avillers, était fille unique de Louis II de Dompmartin et de Germiny et de Philippine de Lamarck, héritière de Jametz et du Saulcy. Le grand-père paternel de Diane, Guillaume de Dompmartin, frère de Vary, évêque de Verdun, acquit une part dans la baronnie de Fénétrange, en 1488, par son mariage avec Anne de Neufchatel, fille de Ferdinand de Neufchatel et de Madeleine de Fénétrange. Diane possédait en Lorraine de nombreux domaines : la terre de Fontenoy-en-Vosges, donnée en 1479, à Ferdinand de Neufchatel par Renéll ; celles d'Ogéviller, de Neuviller et de Thicourt où elle s'était bâti de superbes châteaux. Elle avait acheté d'un Haraucourt celles de Bayon et de Borville ; en 1585, de Paul, comte de Salm, ce que celui-ci possédait dans la baronnie de Fénétrange, et en 1617, la part des Landsberg. L'hôtel de Havré, situé à Nancy, au centre de la partie septentrionale de la rue des Comptes, lui appartenait[2]. Elle jouissait en outre de nombreuses redevances, dont, en bonne ménagère, elle faisait elle-même la rentrée[3].

1. V. *Les Rhingraves et les Reîtres pendant les guerres de religion du* XVIᵉ *siècle*, que nous avons publiés dans le Journal de la Soc. d'Arch. lor. 1860.

2. V. *Hist. de Nancy*, par l'abbé Lionnois. C'est aujourd'hui la rue Callot, dont les anciens hôtels ont disparu.

3. V. aux Arch. dép., district de Blâmont, n° 63, une lettre adressée au sieur châtelain de Réchicourt, pour M. le comte de Linange, au sujet de redevances de grains dues par le maire d'Avricourt, et signée : Vostre affectionnée à iamais Diane de Dommartin. De Féuestranges,

L'existence de Diane fut très-agitée : elle commença par épouser, à l'âge de treize ans, en 1566, son cousin, le rhingrave Jean-Philippe, qui était protestant. Le jeune colonel de reîtres ayant été tué à Montcontour, en 1569, elle se trouva veuve avec une fille posthume, la rhingravine Claude, qui, après avoir eu un long procès au sujet de l'héritage de son père, se maria à Robert de Ligne, baron de Barbançon, prince d'Aremberg, capitaine des archers de la garde de l'archiduc. Diane ne resta veuve qu'un an, et, en 1570, elle épousa Charles-Philippe de Croy, prince immensément riche, avec lequel elle prit une part très-active aux affaires de la Ligue, et fut désignée sous le nom de marquise de Havré. En 1579, nous la voyons figurer au baptême de Christophe de Bassompierre, qui devint maréchal de France et dont elle fut marraine au château d'Haroué[1].

Charles-Philippe de Croy, le second mari de Diane de

dernier juin 1609. — En 1574, elle était allée elle-même prendre possession d'une partie de Badonviller. (Arch. dép. lay Salm IV.) — Elle possédait un grand nombre d'étangs dans la terre de Fénétrange et en surveillait l'administration, de concert avec les Rhingraves. Ces relations devaient occasionner des difficultés, augmentées par le singulier morcellement de tous ces biens indivis. Le Langschenckborn et le Gemeinweyer étaient loués en terrage 400 florins ; les Kyrbourg en retiraient 70 gulden 20 alt.; Diane et les Dhaun le surplus. Il en était de même du reste. C'était un réseau inextricable. (V. Arch. com. de Fénétrange. CC 1. Compte du bailli Iohann Barthel Diether. 1665. En allemand.)

1. Je naquis le dimanche, jour de Pâques fleuries, le douzième avril, à quatre heures du matin, en l'année 1579, au château de Harouel en Lorraine, et le mardi second suivant, je fus tenu sur les fonds de baptème par Charles de Lorraine ; Jean, comte de Salms, Maérchal de Lorraine et Diane de Dampmartin, marquise de Havray, et fus nommé François. (*Mém du mareschal de Bassompierre. Cologne.* MDCCIII. t. I. p. 25.)

Dompmartin, était fils posthume de Philippe II de Croy
et d'Anne de Lorraine. Il naquit le 1er septembre 1549 et
eut pour parrains Charles-Quint et Philippe II. L'empereur
Rodolphe érigea, en sa faveur, la terre d'Havré en marquisat,
et le créa prince de l'Empire à la diète de Ratisbonne, où
il représentait comme ambassadeur, en 1574, le roi
d'Espagne. Ces deux souverains lui confièrent des missions
importantes en Allemagne, dans les Pays-Bas, en Italie
et en Angleterre. Il fut chevalier de la Toison-d'or et
gentilhomme de la chambre du roi d'Espagne, duc d'Arschott, comte de Fontenoi et seigneur de Bièvre, Acre et
Everbeck. En 1585, il accompagnait, à son entrée solennelle
dans Metz, son cousin, le nouvel évêque, Charles, cardinal
de Lorraine. Il mourut le 22 octobre 1613, en Bourgogne,
et voulut que son cœur fût déposé aux Jacobins de
Louvain, et que son corps fût transporté à Fénétrange[1].
Heiss, dans son Histoire de lE'mpire, rapporte que la
maison de Croy n'avait pu être introduite au Collége des
Princes, faute de fiefs immédiats.

Diane n'était pas seulement une grande dame, telle que
la représente une vieille estampe, en costume d'apparat,
la couronne sur la tête, un manteau doublé d'hermine sur
les épaules, autour du col une vaste fraise et un double
collier, revêtue, suivant la mode du temps, d'une vertugade[2];

1. V. la Notice d'Imhof, les Quartiers généalogiques de Lebloud,
les Grands officiers du P. Anselme, le Dictionnaire de Moréri, la Notice de
Dom Calmet et les Communes de la Meurthe de M. H. Lepage, passim.
2. V. la copie que nous avons faite du portrait de la marquise de
Havré, d'après une gravure dont le cuivre mesure 188 mill. sur 281
et fait partie de notre collection. Cette estampe, sans nom d'auteur,
d'une exécution remarquable, parait appartenir à une suite destinée à
une histoire des Croy ; elle est ornée de l'écusson lozangé de Diane
et de la légende suivante :

c'était aussi une châtelaine, qui, plus que Charles-Philippe, s'intéressait au sort de ses vassaux et qui souvent
quittait la cour des archiducs pour venir résider en Lorraine
et dans le Westrich. Une partie de la façade du château de Fénétrange a conservé la physionomie du xvi[e]
siècle et peut lui être attribuée ; c'est là que se trouve la
chapelle castrale et au-dessus le grand poêle, où nous la
voyons s'installer sur la fin de sa longue carrière, après
avoir signalé son passage dans nos contrées par des actes
de bienfaisance, qu'il y aurait injustice à laisser dans
l'oubli. En 1577, par une charte datée de Didrichsdorff
(Thicourt), elle et le comte Paul de Salm confirmèrent
dans leurs droits sur le Burgerwald les habitants de
Fénétrange ; en 1584, elle signait la charte d'affranchissement de la bourgeoisie (dont malheureusement nous
n'avons pu retrouver le texte) ; en 1604, elle rétablissait,
avec Charles-Philippe, l'hôpital fondé, suivant la tradition,
par Arnould, sire de Fénétrange, en 1499, pour les pauvres
vassaux malades et les étrangers sans asile[1] ; en 1608, elle
octroya, ainsi que les Rhingraves et Jacob de Landsberg,
une nouvelle charte destinée à régler les droits de glandée

ILLVSTRISSIME DAME DIANE DE DOMPMARTIN,
Fille unique et héritière de messire Guillaume de Dompmartin, baron
de Fontenoy, et de dame Philipotte de la Marche, fille héritière
de messire Jean de la Marche, sieur de Iamais, et du Saucy,
vefue qu'elle estoit de messire Jean Phls, conte Sauuaige du Rhin
et de Salme.

Femme de Messire
Charles Phls de Croy,
Marquis de Haurech.

1. V. l'Hist. ms. de la baronnie, citée dans les Rhingraves. Suivant
la *Statistique*, l'hôpital fut fondé en 1559, et suivant les *Communes*
en 1519. Cette dernière date paraît être la plus certaine (V. l'art. Fénétrange).

du Schwanhals et du Brackenkopf ; la même année, elle
abolit la servitude humiliante du scharffrichter , pour
laquelle les bourgeois payaient l'eckerhaber pour ceux de
Niederstinzel ; enfin, nous la voyons , en 1611 , intercéder
en faveur de deux malheureux condamnés par la justice
des Rhingraves[1].

Les chartes originales , marques de la sollicitude de la
marquise de Havré pour les habitants du Westrich , ont
disparu, et nous n'avons rencontré que quelques notes mss.
qui n'indiquent pas à quelles sources elles ont été puisées.
Le nom de la marquise s'est si complétement effacé , que
l'on a cherché à faire remonter, assez récemment, à une
cancella ou chapelle romaine, dans laquelle se serait trou-
vée une image de la déesse de la chasse , l'origine d'un
village fondé par elle en 1611, près de l'étang du Stock, à
l'extrémité de sa seigneurie de Brackenkopf, sur les ruines
de Cappel. Mais un chercheur infatigable a fait prompte
justice d'une erreur qui tendait à s'accréditer, et rendu au
village le nom de sa fondatrice ; nous pourrions ajouter
de sa bienfaitrice[2].

1. V. une lettre du rhingrave Jean IX. Tr. des Ch. , liasse B. 5886.
2. V. la *Statistique* et les *Communes* de M. H. Lepage, art. Diane-
Capelle.

C'est à tort que le Pouillé de Toul a attribué à la marquise de Havré
la fondation d'un prieuré à Ogéviller , en 1575, et qu'il en fait la veuve
de Christophe de Fénétrange , maréchal de Lorraine et de Barrois. La
version qu'il faut accepter est celle de l'Etat du temporel des paroisses
(1710) : Il y a à Ogéviller un hôpital , auquel est jointe une chapelle
sous l'invocation de saint Fiacre ; elle a été fondée par Diane de Dompmartin. Le patronage appartient aux seigneurs d'Ogéviller qui y nom-
ment alternativement. Il y a à cette chapelle le jour du vendredi-saint
un rapport , c'est-à-dire une dévotion , avec grande affluence de peuple. (V. *Communes,* art. Ogéviller.)

II.

Nous avons fait connaître, dans une précédente étude, la première phase de la lutte de la marquise de Havré avec les Rhingraves, ces hardis colonels de reîtres qui, après avoir été combattre les huguenots aux côtés des Guises et s'être mêlés aux intrigues galantes de la cour des Valois, revinrent dans leurs états du Westrich et firent triompher la réforme religieuse qu'ils avaient introduite violemment dans la baronnie de Fénétrage, en 1565. On peut expliquer leur fortune rapide par le courage qu'ils déployèrent sur le champ de bataille et leur sagesse dans le conseil, et aussi par la facilité avec laquelle ils parlaient la langue française ; avantage inappréciable à une époque où les relations de la France avec l'Allemagne devenaient de plus en plus fréquentes, au moment où le roi de France Henri II, après la conquête des Trois-Évéchés, allait triomphalement faire boire ses chevaux dans le Rhin, en 1552.

Voici une lettre inédite empruntée à la correspondance de l'un de ces personnages[1] ; c'est un autographe de Frédéric, le chef de la branche de Dauhn, qu'il est utile de connaître afin de se rendre compte de la position difficile de la marquise de Havré vis-à-vis de ses habiles adversaires ; c'est aussi un monument philologique de l'apparition de la langue française dans le Westrich ; nous en avons respecté scrupuleusement l'orthographe irrégulière, les u employés pour les v, les e muets pour les é fermés, le g français pour le ié allemand, etc[2]. Nous n'affaiblirons pas

---

1. V. Mss. de la bibliothèque de Nancy. *Maison de Salm.* (fonds Noël).

2. Opingon, dinge, se prononçaient : opinion, digne ; l'on écrivait

l'intérêt que présente ce document historique par d'autres
commentaires, nous bornant à tenir le lecteur en garde
contre une anecdote perfide du rhingrave, et à le prévenir
que la marquise de Havré, qui faisait partie du monde de
la cour, se trouvait exposée aux traits de son beau-frère,
dont elle avait refusé d'accepter la transaction, à laquelle
elle n'accéda qu'en 1584, et que Henri de Guise était devenu le rival heureux du rhingrave, auquel la baronne de
Sauves avait inspiré une si profonde passion en 1567.
D'autres noms illustres figurent dans cette lettre ; celui des
Barbançon, princes de Ligne, dans la famille desquels
entra la rhingravine Claude, désignée dans la lettre sous le
nom de Mademoyselle ; Françoise de Salm, la première
des quatre femmes de Frédéric, à laquelle celui-ci s'adresse
avec une courtoisie charmante.

« A MADAME LA COMTESSE DU RHEIN (*sic*) A FENESTRANGE.

» Madame, je reçu eune lest (lettre) ajourdhuy de vous
» et osy cele de mon frere le conte Salm[1] par lesquelles
» jeantant quilla communique laret que je fais à Fénétrange
» touc(h)ant madame daure à mon frère le conte[2] pour et
» asqui sentant auoir deia donne commandement et ordre
» en cela a son chatelein de Fenetrange et touc(h)ant ce
» que vous me mandes du chattelein de Ongiwiler[3] qu'il

encore au XVIᵉ siècle rue de la Vingne pour rue de la Vigne ; les
signes de ponctuation n'étaient pas prodigués comme à notre époque
et le repos des phrases était indiqué par les majuscules.

1. Jean IX, comte de Salm, le dernier mâle de l'ancienne famille
des Salm-en-Vosges, maréchal de Lorraine et Barrois, gouverneur
de Nancy, beau-frère du rhingrave Frédéric et de Dandelot, le frère
de l'amiral Coligny.

2. Sans doute Jean-Christophe, mariée à Dorothée de Mansfeld,
tige de la branche des Rhingraves de Grumbach.

3. Du gouverneur d'Ogéviller (Eigenweiller).

» le foult de mestre et sesir la parte de madame daure et
» oulre chose Il ne man mande rien mais jauey parles à
» M. de Bilt[1] qu'il est ici àMetz, lequel treuve vostre avis
» bin bô meis qu'il ne le falt poynt demestre nuy rien de-
» santre et si foult ouir contes de lui remes ces affere
» jousque au retour. »

« Jan escris pas a trez (?) pour ce qu'il ne pas besoin et
» ossy most de Bilstein nen est pas cetain pour ce qu'il
» craint qu'il est de la partie de Madame de Auvre Je
» troue fort ben de ce que vous man mandes vostre opin-
» gon et ne trouerey james moues vostre opingon et encore
» moyn de ce que vous voudrey et commmanderes Je vou-
» troy estre de retour auprès de vous pour vous dire beo-
» cup de choses Jeantan de mosieu de Bilstein, beocup
» de choses de madame de auert[4] on dit que mossier de
» guise lui doit fort feire l'amour Je pens qu'il fasse loy-

1. Le comte de Bilstein, Nicolas, seigneur de Froville, Magnières, Villacourt, lequel possédait avec les rhingraves une partie de la vouerie de Champenoux, etc. A la vente de la seigneurie de Bonnhausen par Claude de Salm, en 1572, ce fut lui qui stipula, au nom de Frédéric et de Françoise sa femme (Dufourny, X. 2e part. p. 217.). En différentes circonstances nous le voyous chargé de soutenir les intérêts des Rhingraves et prenant parti contre les Havré. D'autres seigneurs de la cour catholique des ducs de Lorraine lirent de même, notamment Jean IX, le gouverneur de Nancy. Une monographie approfondie de chacun de ces personnages pourra seule un jour nous faire connaître le règne glorieux du duc Charles III et les obstacles de toute nature que ce grand prince rencontra dans l'exécution de ses projets.

2. Après avoir écrit le nom de la marquise comme il se prononce en français, de Havré, d'Avré, le rhingrave adopte la prononciation allemande, de Hauer. Cette bizarrerie était très-commune autrefois, et l'on rencontrait fréquemment dans le même acte un nom orthographié de plusieurs manières différentes. Cette lettre en offre plus d'un exemple.

» seon qui va la nuyt Je neantan celle noueles quil soint
» dinge de vous mander sinó que je me recomande a vostre
» bone grace priant dieu vous mcintenir en tres bone sante
» et longe vie et a moi la gracc dc parachcuer ce que nous
» auons comencé de Metz le 5 de oust 1577. »

Vostre bien affectionne mary
bis meinen dot [1]
FRIDERIC
Rcingraff.

« Je vous prie mon ceur de prandre
» la peine de fere mes humble
» recommandation à Mademoyselle et
» a mes frère de Barbâ Je vous
» envoye par le Behm 800 teston
» Je vous use enuoye dauantaige mais
» il ne a pas a se fic par le chemin ni
» pouoit porter. »

III.

La première phase de la lutte des Rhingraves et des
Havré se termina par une transaction appelée le burgfrid
de 1584.

Charles–Philippe de Croy, qui souvent faisait sa résidence à Fenétrange, « se sentit incommodé » de ce que
l'exercice de la religion catholique n'y avait plus lieu ; il
proposa aux autres seigneurs un accommodement d'après lequel la religion suivant la confession d'Augsbourg conti-
nuerait à être exercée dans les endroits où elle avait été
établie, à la charge par les Rhingraves de céder aux Ha-

1. Jusqu'à ma mort.

vré « leur part et place au château de Fénétrange[1], avec
» ses fossés, ensemble toutes les rentes, dîmes et revenus
» situés hors de la seigneurie, lesquels appartenaient aux
» églises réformées, auquel château M. d'Havré pourrait
» faire bâtir une chapelle ou église où l'exercice de la re-
» ligion catholique romaine serait libre à lui, à ses succes-
» seurs et à ses sujets et habitants de la ville et des villa-
» ges qui y voudraient aller, qu'il y pourrait établir des
» chanoines et prêtres catholiques... » La chapelle du château fut construite en vertu de ce traité, et, pendant quelques années, luthériens et catholiques se livrèrent paisiblement à l'exercice de leur culte[2].

Pour compléter ce passage emprunté aux *Communes*,
nous ajouterons les suivants : « Diane de Dompmartin, du-
» chesse d'Havré, dans le temps du commencement du lu-
» théranisme en ces pays-ci, était en plus grande partie
» dame de la terre de Fénétrange et les Rhingraffs ou com-
» tes du Rhin, luthériens et les plus forts, seigneurs de
» l'autre ; elle vendit à ceux-ci la part de tous les droits
» qu'elle avait en commun avec eux sur les églises de la
» seigneurie de Fénétrange, qui s'emparèrent aussitôt, tant
» de l'église paroissiale et collégiale de la ville, que de
» celles des villages vendus et en chassèrent les curés...[3] »

Plus loin on lit : « Par un traité et accord appelé *le*
» *Bourgfrid*, entre les seigneurs dudit Fénétrange, il est
» dit que ladite ville et celle de Schalback ne se pourront
» partager et demeureront communes entre eux. (Cet ac-

1. Le morcellement de la terre de Fénétrange, où l'on ne connais-
sait ni droit d'aînesse, ni masculinité de fiefs, avait donné aux Rhingraves une part dans le château.
2. V. *Communes*, t. I. p. 346.
3. V. *Communes*, t. I. p. 391.

» cord, dont je n'ai pu trouver le texte , avait été fait en
» 1584.)[1] »

Dès lors la collégiale, située au centre de la ville, après
avoir été le lieu de la sépulture des anciens seigneurs de
Fénétrange, devint celle de plusieurs Rhingraves de Daulin
et de Kirbourg ; ceux-ci s'en étaient emparés en 1565, et
elle leur fut complétement abandonnée en 1584. Trois
pierres tombales rappellent cette période de l'histoire de
Fénétrange ; ce sont celles d'Otto , de Mathias Kilburger
et de Jean-Philippe[2].

Les catholiques, pour remplacer la collégiale, élevèrent
dans l'intérieur du vieux *burg* une chapelle, dans le caveau
de laquelle furent déposés les seigneurs du château, et entre autres Charles-Philippe de Croy, mort en 1613[3].

La transaction de 1584, qui consacrait les entreprises des
Rhingraves, fut suivie de l'excommunication de la marquise
de Havré[4], et amena une lutte sourde qui dégénéra en
hostilités ouvertes en 1615. Pour sortir de la position fausse
où les avait jetés l'abandon de leurs droits, les Havré s'a-
dressèrent en 1594 au cardinal de Lorraine, Charles, évê-

1. V. *Communes*, t. I. p. 542.

2. Nous avons longuement décrit le monument d'Otto , aujourd'hui
au Musée lorrain. Nous avons aussi consacré une notice, accompagnée
d'une planche, au bailli luthérien Mathias Kilburger. Quant au monument de Jean-Philippe, il a été découvert, il y a une vingtaine d'années, en retournant une des dalles de la sacristie ; depuis il a de nouveau disparu ; de sorte que l'inscription *hie ruhe im gott weilandt
Iohann Philipp wild-und-rheingraff...*, dont on n'a pu préciser la
date, peut s'appliquer, soit au premier mari de Diane de Dompmartin,
soit à son oncle mort en 1566 , lesquels étaient tous deux colonels de
reitres au service de France.

3. V. le P. Anselme. *Hist. des grands officiers de la Couronne.*
T. VI, p. 643.

4. V. *Communes*, t. I, p. 592. — Ibid. Coll. de Fénétrange.

que de Metz et de Strasbourg. Une des conditions que le
prélat leur imposa fut de reconstruire à leurs frais et de
doter quatre nouvelles paroissiales là où il avaient cédé les
anciennes églises et les biens curiaux aux ministres luthériens des Rhingraves. C'est ce qu'ils exécutèrent au château de Fénétrange, à Lhor, à Schalbach, terres de la seigneurie Commune et à Mittersheim, terre de la seigneurie
de Schwanhals. Quant aux églises de celle de Brackenkopf, dépendant aussi de la baronnie de Fénétrange, les
Rhingraves n'en étant pas seigneurs, n'y avaient pu introduire la confession d'Augsbourg. Ces nouvelles cures, sauf
celle de Schalbach, furent occupées en 1603 par les chanoines du chapitre Saint-Pierre de Fénétrange, retirés, lors
de la persécution de 1565, à Donnelay, terre de Lorraine[1].

Des quatre églises qui furent construites à la fin du xvi[e]
siècle, aucune ne présente de particularités architectoniques,
sinon celle du château, type du style ogival de transition.
Cette nouvelle paroissiale ne fut connue que sous le nom
de chapelle castrale, malgré la destination qui lui avait été
donnée par ses fondateurs, en dépit des réclamations faites
en diverses circonstances. Dans une note, ajoutée à un
acte de mariage de 1710, messire Van Oncle, doyen de la
collégiale, déclara que son prédécesseur avait commis une
erreur en écrivant « chapelle castrale ; car cette petite Eglise
» au chasteau a esté bastie exprès pour paroisse au temps que
» Diane de Dompmartin, duchesse de Hauré auoit cédé sa part
» aux luthériens dans la terre et par ainsy la grande Eglise ;
» dans une chapelle castrale, ajoute-t-il, il n'y a point
» de confessionnaux, de chaire à prêcher, de fonds baptis-
» maux, ni caveaux, coe (comme) il y a dans cette prétendue

1. V. **Dom Calmet**, *Notice*, art. Fénétrange

» chapelle castrale qui estoit l'église paroissiale pendant
» plus de cent ans que les luthériens occupoient la grande
» église collégiale et paroissiale...[1] »

Le genre de recherches auxquelles nous avons dû nous
livrer, en nous forçant à entrer dans une étude de détails,
nous a exposé à nous laisser égarer par des hors-d'œuvres,
qui méritent cependant d'être l'objet de quelque attention
de la part de ceux qu'intéresse le récit des événemens
qui furent, sur les frontières de la Lorraine, le prélude
de la guerre de Trente ans.

Parmi les pièces que nous avons à présenter, entre le
burgfrid de 1584 et le manifeste de 1615, il en est une
qui caractérise, d'une façon toute particulière, l'antagonisme des deux partis. Le calendrier de Grégoire XIII.
adopté en 1582, le 22 novembre en Lorraine[2] et le 20
décembre suivant en France, ne le fut par les états catholiques d'Allemagne qu'en 1584. Les Rhingraves, comme
les autres princes protestants, continuèrent à se servir
de l'ancien, en sorte qu'ils étaient en retard de dix jours
et obligés d'avoir deux computs dans leurs relations avec
les étrangers. Diane, pendant son séjour au château de
Neufviller, où plusieurs missives lui furent adressées au
sujet du burgfrid de 1584, par les Rhingraves, leur proposa
la réforme du calendrier ; sa lettre, qui n'est pas datée,
se termine ainsi : *Sur cette créance je vous baise les mains,
Messieurs mes frere et cousin. Vosre humble sœur et cousi-
ne. Diane de Dompmartin.* Ses efforts furent infructueux,
car elle fut obligée, en 1601, d'envoyer une nouvelle

1. V. Arch. comm. de Fénétrange. E. 2.

2. Par un édit du 15 novembre 1579, le duc Charles III avait fixé
au 1er janvier le commencement de l'année, qui auparavant était
incertain, à Noël, à Pâques ou au 25 mars.

2

missive, relative à la même affaire, *à Messieurs les chlains
(châtelains) de Fenestranges pour Messieurs les ringraffs
à Fenestranges*[1]. En voici le contenu :

« Messieurs les Chlains. Iay receu voz lres (lettres) Et
» bien entendu le contenu d'Icelles, pour ausquelles res-
» pondre Je vous diray que touchant au point que me repre-
» sentés. en ce que monseigneur et marit auroit permis que
» lusage du vieil calendrier demeureroit en la seigneurie
» de Fenestranges, cestoit d'aultant que nauions encore esté
» Interpellés de nos superieurs Ecclesiastiques de prendre
» le nouveau, comme depuis ilz nous ont fait comman-
» dem^t sur peyne dExcomunication de ne permestre Lu-
» sage dudit vieil : or a nous aues catholiques ce que nous
» est chose tant redoubtable que celle censure que plus
» tost aymerions de perdre vie et biens que de lencourir.
» Cest pourquoy quand ie fus darnierement a fenestran-
» ges ien aduerty noz cures, affin quilz nignorassent l'or-
» donnance qui nous en auoit esté faite par nre superieur
» ecclesiastique, et ce qui me garda de vous en rien dire,
» estoit que comme cest chose qui touche nre religion,
» et ou il ny va rien du temporel nous pouuions faire cela
» sans quil fut nécessaire vous donner a cognoistre sur
» les ordonnances de nre Eglise par ce que nous ne scauons
» rien de ce qui touche la vre : Et dalleguer qu'a Spire,

1. Ces deux lettres, qui font partie du *Trésor des Chartes*, liasse
coté B. 5886, sont en entier de la main de la marquise, sauf l'adresse
de la seconde, qui paraît être de Blienstem, son secrétaire, dont nous
avons rencontré une note où il est question d'Otto de Kyrbourg : « Je
» soubsigné secrétaire de Madame la marquise de Havré certifie et
» atteste que le présent porteur a délivré à son Son Excellence les
» lettres de Monsieur le comte Otho ausquelles ladicte ex^ce por certains
» empeschements n'a peu respondre. Faict à Nancy le 15e may mil cinq
» cens quatre vingt et dix sept. Signé : Blienstem.

» Landau et Haguenau ou les deux religions sexercent
» que lon y retient Lancien Calandrier, cela nest a propos
» parceque vous scaues quen toutte la seigneurie du[1] .....
» dont est question, je ny a ung seul subiect qui ne soit
» catholique , c'est donc bien la raison , que puisquilz le
» sont touz, qu'ils viuent obseruant les lois catholiques,
» Et non quilz encourent le peril de la perte de leurs
» ames, pour une chose ou personne ny a Interrest, et ou
» Il seroit plus a propos que vous accomodassiez , que
» nous , puisque nous sommes le plus grand nombre
» dieu mercy : Et puisquil ny va nul peril de vos ames
» daultant que cela depend de vostre seulle volonté de la
» prendre ou laisser. Que si toutes fois ceulx de vre religion
» veuillent continuer a retenir le viel , Je ny empesche pas
» et cela napporte nulle incommodité a personne comme
» uous poues remarquer en mes subgects du Channais[2] que
» tous tiennent le nouueau et toutesfois il ny a pour cela
» nul desordre , can chacun fait son exercice comme sa
» religion luy commande, Et pour concluoir je vous prie en-
» core un coup que cela nous apporte trouble ou dissention
» Et vous souffre paisiblement exercer noz ceremonyes ,
» comme ie vous asseures ne voulore donner nul empesche-
» mens aux vrs, Que si vous en faites aucrement vous occa-
» sionnerez les pasteurs Ecclesiastiques duser de leur autho-
» rité, alaquelle voulant estre obeissante entout et partout,
» Je ny pourray, ny voudray donner empeschement , ains

1. Il y a ici une abréviation indéchiffrable , que, d'après le sens de
la phrase, on peut traduire par Brackenkopf. Effectivement, dans cette
partie de la terre de Fénétrange , les Rhingraves n'avaient pas de
sujets , tandis que la marquise en possédait dans les seigneuries de
Schwanhals, Géroldseck et Commune.

2. Schwannenhals.

» plus tost faueur et assistance comme ma conscience my
» oblige, Qui apportera quelque fascheuse consequence de
» quoy je seroys marrie, Et pourtant voicere noz cures en
» qui leur en adviendra, si par la crainte que vous leur
» penser donnez ilz desobeyssent a leurs superieurs Eccle-
» siastiques, Je les estime si en advisez quils sen garde-
» ront, et feront bien, Car je vault mieulx encourir toutes
» sortes de fortunes, que de perdre lame, Dieu nous en
» preserue : Et vous donnent

» Messieurs les Chains bonne et longue vie. de Thi-
» court le IXe decembre 1601

Vre bien affectionnee amye

DIANE DE DOMPMARTIN

» Vous ferez fort bien et ie vous prie de
» faire treuuer bon a messieurs vos mres
» mes raisons, masseurant quilz vous croy-
» ront chose que ie desire, affin que nous
» demeurions bons parens, amys et en paix. »

Les négociations de la marquise de Havré ne furent
pas couronnées de succés et ne purent briser l'opposition
systématique des Rhingraves, dont les sujets continuèrent
à se servir de l'ancien calendrier, tandis que ceux de la
marquise avaient adopté le nouveau, qui ne fut cependant
d'un usage général dans la terre de Fénétrange que vers
1682[1].

---

1. V. Arch. comm. de Fénétrange. BB. 1. f 196. — L'adoption
du nouveau calendrier fut une des réformes que le prince de Vaudémont introduisit dans la terre de Fénétrange, grâce à l'appui de Louis
XIV. Quant aux protestants de l'Allemagne, ils adoptèrent le calendrier
de Weigel, le 1er mars 1700.

IV.

Lorsque Diane fut devenue veuve une seconde fois, en 1613, un changement radical s'était opéré dans la famille de ses adversaires : Otto et Frédéric étaient descendus dans la tombe et les deux branches de la maison qu'ils représentaient, divisées en une infinité de rameaux, avaient brisé le pacte de famille. Les Dauhn, dont le chef était alors Philippe Othon, devaient bientôt prendre rang parmi les familles princières du saint empire romain, tandis que les Kyrbourg, attachés aux principes de la réforme, s'étaient déjà préparés, en Alsace, à la lutte sanglante qu'ils allaient soutenir dans les rangs de l'armée franco-suédoise.

Diane eut alors pour adversaires, non plus des colonels de reîtres qui avaient conservé les traditions de galanterie de la cour de France, mais les trois fils d'Otto, que les affaires du parti et leurs habitudes cynégétiques amenaient fréquemment à Fénétrange, dont la souveraineté était restée indivise entre eux[1].

Le premier était le Rhingrave Jean IX[2]. Il naquit en 1575 et mourut en 1623, après avoir épousé Anne-Catherine, fille de Georges, comte de Créhange. Il eut en partage la terre de Morhange. Nous l'avons vu à la *pompe funèbre* du duc de Lorraine Charles III, en 1608, soutenir un des coins du lit d'honneur.

Le second, Jean-Casimir, eut en partage la terre de Kyrbourg. Il mourut en 1657, après avoir épousé, en

---

1. V. l'histoire de la Maison des Rhingraves (en allemand) *Mannheim*. 1769. passim.

2. Il ne faut pas le confondre avec Jean IX, comte de Salm.

premières noces, Dorothée de Solms, et en 1633, Anne Julienne, fille de Henri, comte de Linange.

Le troisième, Otto, deuxième du nom, mourut en 1657, après avoir épousé en premières noces Claude, fille de Joachim, comte de Manderscheid, et en secondes, Barbe, fille de Georges comte de Fleckenstein et veuve du comte d'Eberstein.

La rudesse germanique des fils d'Otto poussa la vieille marquise de Havré à recourir à un parti extrême; mais, avant d'employer la violence, elle lança un manifeste destiné à justifier sa conduite, et fit un appel aux lois fondamentales qui régissaient l'Empire et la baronnie de Fénétrange qui en dépendait. Ce factum forme une brochure in-4° de 8 feuillets, imprimée en allemand à l'aide de caractères gothiques, mobiles et métalliques, sans nom d'auteur, sans indication de lieu ni de date; il ne contient que 11 pages de texte; sur la première se trouve le titre, orné d'un cul-de-lampe à arabesques, reproduit à la fin. La rareté des signes de ponctuation rend la traduction difficile; les pages ne sont pas chiffrées; on y rencontre des mots français et d'autres, d'un latin barbare, imprimés en caractères italiques. Le papier, sans consistance, ne possède pas de marque et ne présente aucune analogie avec celui des papeteries lorraines. Ce factum sort-il des imprimeries de Strasbourg? les presses qui lui donnèrent le jour sont aussi ignorées que les faits qu'il mentionne[1].

1. Aucun signe ne vient ajouter aux qualités bibliographiques de cette plaquette, qui parut en 1615 et qui, résistant à toutes les vicissitudes, est arrivée jusqu'à nous, protégée par une feuille de parchemin sur laquelle on remarque la secrète d'un missel romain, notée en signes neumatiques, accompagnés de lettres coloriées en vermillon servant de clefs. (Les manuscrits de chant, regardés généralement

Telle est cette pièce rarissime que l'on chercherait vainement autre part que dans les Archives départementales, fonds de la collégiale de Fénétrange. Nous en donnons la traduction, en faisant suivre les mots qui sont imprimés en italiques de la mention *sic*.

V.

DE LA SERENISSIME

et Illustre Dame, Dame Diane, née Baronne de Dompmartin, Duchesse d'Arschott, Princesse du Saint-Empire Romain, Marquise de Havré, Comtesse de Fontenoy et baronne de Fénestrange, etc. raisons légitimes, nécessaires et justes pour lesquelles sa Grâce

comme les plus anciens, sont notés à l'aide de neumes, que l'on n'a pas encore pu traduire jusqu'à ce jour. V. *Graduale. Parisiis* 1861. *p.* XII.) Ce curieux manuscrit que nous signalons ici, au moment où, de toute part, on revient à l'ancienne liturgie, fut lacéré, puis servit de couverture au registre d'un bailli, ainsi que l'indiquent ces mots tracés en cursives : *vinstingen ampts rechnung.* 1586. Plus tard il fut fixé par un fil grossier à la brochure dont nous venons de donner la description bibliographique ; il fit alors partie des papiers de la collégiale, vers 1682, car c'est à cette époque que l'on peut faire remonter les annotations écrites en français sur les marges du factum. Les missels et les livres liturgiques de la collégiale Saint-Pierre de Fénétrange avaient été détruits ou dispersés par les hauts-officiers des Rhingraves en 1565 ; leurs débris, d'une si grande variété et d'un si grand intérêt pour le paléographe, changèrent encore de destination ; nous en avons rencontré qui avaient la même origine et dont on s'était servi depuis, soit pour relier les obituaires de la paroisse, qui ne remontent pas au-delà de la seconde moitié du XVIIe siècle, soit pour envelopper les papiers qui forment aujourd'hui au Trésor des chartes le fonds de la collégiale de Fénétrange, dont le doyen avait longtemps, mais en vain, revendiqué la possession pour ses archives. Il est de nouveau question de ces archives au § VII.

Sérénissime a été incitée à s'emparer de la ville de Fénestrange et à l'occuper par ses troupes.

Au nom de la très sainte et indivisible trinité. Amen.

Il n'y a rien que le Dieu tout-puissant ait plus hautement ordonné; il n'y a rien d'autre part qui lui soit plus agréable que la paix et la concorde. Aussi l'a-t-il laissée à ses disciples chéris, comme suprême gage et volonté, disant : la paix soit avec vous; je vous donne ma paix. C'est pour cette raison que toutes les âmes fidèles, qui aspirent à la perfection et cherchent à faire partie du nombre des enfants de Dieu, cherchent cette paix et l'acceptent autant qu'il dépend d'eux. Ainsi fit le feu sérénissime et illustre prince et seigneur de très-heureuse mémoire seigneur Charles-Philippe de Croy, né duc d'Arschott, prince du saint-empire romain, marquis de Havré, comte de Fontenoy, baron de Fénestrange, etc. Ainsi a aussi agi la sérénissime dame Diane de Dompmartin, épouse de sa grâce sérénissime. La moitié de la seigneurie de Schwanenhals[1] lui appartenait du chef de la susdite duchesse, qui l'avait héritée de ses ancêtres; de même qu'à eux revenaient aussi tous les droits ecclésiastiques ou *juris patronatus* (sic[2]), tant par rapport aux églises collégiales, fondées par les ancêtres de la même duchesse et ceux des wild-et-rhingraves, comtes de Salm, leurs co-seigneurs, que par rapport aux autres églises situées dans les villages de la seigneurie de Schwanenhals. Par suite des grandes calamités et des troubles qui occasionnèrent des changements en *Relligion* (sic), les églises reçurent une autre destina-

1. Col de cigne.

2. Les mots, suivis de la particule sic, sont en italiques et non en caractères gothiques, dans le texte.

tion religieuse de la part des parents des susdits wild-et-rhingraves durant la *minoritet* (sic) de ladite dame, duchesse et marquise, laquelle se trouvait alors sous la tutelle et garde de feu le seigneur Jean-Philippe[1] wild-et-rhingrave, chevalier de l'ordre de Saint-Michel et colonel de la cavalerie et de l'infanterie allemande en France. Le susdit comte l'ayant ensuite donnée en mariage à son cousin le feu seigneur Jean-Philippe[2], wild-et-rhingrave, aussi colonel, comme ci-dessus, dans le même pays de France, la souvent mentionnée dame duchesse étant encore jeune et n'étant pas encore parvenue à l'âge de treize ans, il arriva que pendant sa jeunesse et *minoritet* (sic) se fit le changement précité de la *Relligion* (sic) catholique, apostolique et romaine en la religion de la confession d'Augsbourg. En même temps les chanoines et les autres curés catholiques furent expulsés de leurs églises et à leurs places furent installés des prédicants. Cet état de choses dura jusqu'au moment où le susdit duc d'Arschott, marquis de Havré, d'heureuse mémoire, second seigneur et époux de la susdite duchesse, voulut de concert avec cette dernière l'*exercitium* (sic) de la *Relligion* (sic) catholique et le voulut, tant dans la ville de Fénestrange que dans les

1. Jean Philippe, le jeune Rhingrave, mort à Montcontour (1569), était assisté à son mariage avec Diane de Dompmartin, de son oncle le rhingrave Jean-Philippe, chevalier des ordres du roi, mort en Picardie en 1566, le 10 septembre. (V. notre notice sur les Rhingraves, passim.) Celui-ci était tuteur testamentaire de Diane et fit en son nom, par procureur, ses reprises féodales, en 1555. (V. Dufourny, t. VII, p. 503, 504, 505.)

2. Suivant ce document authentique, Diane fut mariée à 13 ans, l'année de l'introduction de la réforme à Fénétrange, c'est-à-dire en 1565; l'annaliste des rhingraves, ordinairement bien renseigné, fixe cette date à 1566.

villages de la seigneurie de Schwanenhals. A cette fin ils
firent *interpelliren* amiablement feu les nobles wild et rhingraves Otto et Frédéric[1], et demandèrent qu'on leur per-
mît d'user pacifiquement et sans obstacles de leur *authoriteten* (sic), dont ils ne voulaient pas être frustrés plus
long-temps, car ils avaient résolu et étaient décidés à rétablir l'*exercitium* (sic) de la *Relligion* (sic) catholique dans
la part de l'héritage à eux échue, c'est-à-dire dans la
moitié des églises dénommées et à réintégrer les prêtres et
curés catholiques dans les fonctions qu'ils remplissaient avant
l'irrupion et l'*introduction* (sic) augsbourgeoise. Ils allé-
guèrent qu'étant seigneurs pour moitié, ils voulaient agir
de même et que c'était un devoir pour eux, parce que ce
qui s'était fait avait eu lieu pendant la *minoritet* (sic) et le
premier mariage de la susdite dame duchesse, son épouse,
laquelle n'avait jamais acquiescé à de tels changements et
mutation (sic) et les avait encore moins confirmés. Ils
étaient donc bien fondés dans leur réclamation quant à la
restauration de la religion catholique qu'ils voulaient ac-
complir. L'affaire ayant été bien débattue des deux côtés,
l'on s'entendit enfin et l'on convint d'un *accord* (sic) et
d'une paix de religion (*Relligions* friden). Dans cet acte,
les conclusions furent formulées dans les termes suivants :

Item ont après mûre réflexion les Rhingraves promis
sur leur conscience et religion, pour eux et leurs successeurs, de ne rien entreprendre à l'encontre, mais de main-
tenir, soutenir et protéger les curés, prêtres et maîtres
d'école, en même temps que les adhérents de la susdite
religion catholique dans l'exercice de leur religion et les
cérémonies de leurs églises.

1. Le premier représentait les Kyrbourg et lesecond les Dauhn.

À cette paix de religion, conclue le 14 janvier 1584, à Neuviller, dans la maison et demeure du seigneur rhin-grave Frédéric, laquelle n'est pas suspecte de ruse ni de dol, en succéda une autre, conclue à Fénestrange, le 3 juillet 1584, qui fut appelée *Burgfriden* (sic). On y confirma et corrobora dans les termes suivants l'accord et paix de religion de Neuviller :

Et comme nous Charles Philippe de Croy, duc d'Arschott, etc. et nous Otto et Frédérich-wild-et-rhingraves, parents, nous nous sommes accordés pour les affaires de religion dans la seigneurie de Fénestrange, ainsi qu'il convient de faire et ainsi qu'il conste par un recès spécial dressé à ce sujet. Tout recès et accord doit être compris dans ce burgfriden et aucun seigneur commun n'y doit faire opposition à l'autre, ni obstacle à l'une ou à l'autre religion, respectant ainsi la *constitution* (sic) impériale, promulguée en l'année 55, ainsi que la paix de religion ; mais chacun doit laisser l'autre en repos quant à sa religion et à son *Exercitio* (sic).

Aux termes de ce Relligions-und-Burgfriden, les susdits duc et duchesse ont cédé la moitié à eux appartenant des églises et en ont laissé jouir les autres en paix ; ils en ont fait construire à leurs frais de nouvelles pour faire administrer les saints sacrements à eux et à leurs sujets de la seigneurie de Schwanenhals, comme aussi à tous autres. Les susdits duc et duchesse n'ont cependant dérogé en rien, quant aux *authoritet* (sic) établies dans la ville de Fénétrange et les villages communs, dans lesquels ville et villages la susdite duchesse exerce le pouvoir : comme elle a la plus grande part sur les rues et lieux communs, attendu que de huit parts, elle en possède cinq et audelà, elle a, par le fait, pouvoir et authoritet d'y agir à son bon plaisir, d'y faire des processions et creutzgange (rogations), d'y élever des *Altaria* (sic) et d'y pratiquer les autres *Exercitia* (sic) de leur *Relligion* (sic) : auxquelles choses les susdits comtes ne purent ni ne durent opposer d'empeschement, si ce n'est qu'ils veulent rompre et anéantir le susdit Contractus *relligionis* (sic) et Burgfridens, et effectivement les susdits duc et duchesse ont pratiqué le tout et l'ont exercé depuis la conclusion des mêmes Contraten (sic) au vu et au su des feux Rhingraves Otto et Frédéric, alors vivants, ledit seigneur père Otto jusqu'en 1607 et Frédéric jusqu'en 1608[1], sans obstacles ou empechements à la pratique des *Cæremonien* (sic) et aux usages de la susdicte *Relligion* (sic) catholique ; car ils n'ignoraient pas qu'ils n'avaient pu le faire sans rompre le Contractus *Relligionis* (sic) et le burgfrid, deux conventions qui leur avaient été des plus avantageuses. Ainsi la dame duchesse est à même de manifester et de démontrer clairement qu'elle a été trompée de plus de la moitié d'une légitime acquisition ; car les susdits Rhingraves lui ont adjugé à elle seule le vieux mur d'un bâtiment incendié depuis plus de vingt ans[2], comme aussi le fossé joignant ce mur, contenant cent werekschuh en longueur. Il n'y avait aucune construction sur l'emplacement de ce mur renversé et bouleversé ; tout ce que la duchesse a bâti, elle l'a construit sur les fonds de son antique héritage, ainsi que l'église[3] et d'autres logis et habitations. Et en contre sa grâce sérénissime a cédé aux comtes la moitié de la belle

1. Dates des décès des Rhingraves Otto et Frédéric.

2. Vers 1595.

3. Il est ici question de la chapelle castrale et de l'aile orientale du château, qui domine la vallée de la Sarre.

église collégiale de Fénétrange, qui n'a pu avoir été construite qu'à grands frais, puis ensuite toutes les autres
églises de la seigneurie de Schwannenhals, ensemble la
moitié des guildes, rentes, et demeures des curés et prêtres. La souvent citée dame duchesse se trouve parfois si
profondément navrée d'un tel état de choses, qu'elle se met
à espérer qu'il prendra fin, et que tout ce qu'elle a abandonné retournera de nouveau sous sa puissance. Elle ex-
posera aussi et prouvera que l'on veut injustement,
violemment et à tort lui attribuer d'avoir, après tant de
belles choses, aliéné encore son *authoriteten* (sic) : ce qui
ne lui est jamais venu à l'esprit et a bien moins encore été
dans ses intentions, ce qui, au surplus, n'a jamais été
mentionné dans aucun traité. De même les enfants et héritiers du susdit seigneur rhingrave n'ont jamais formé
d'opposition jusqu'en 1613, le 6 juin, jour du Saint-Sacrement, les wild-et-rhingraves Jean, Jean-Casimir et Otto,
frères et fils du précédent seigneur rhingrave Otto, étant
arrivés à Fénétrange en l'absence de la susdite duchesse,
qui dans ce moment était dans les Pays-Bas, sans que le
duc ou la duchesse leur en eût donné de motifs, ou qu'on
les eut molesté eux ou un des leurs, soit dans les *Céré-
moniæn* (sic) de leur église, soit de tout autre façon qui
ait pu arriver à la connaissance du duc et de la duchesse,
ils osèrent ériger plusieurs choses inconvenantes et injus-
tes à l'encontre de l'honneur de Dieu, des usages et *céré-
moniæ* (sic) de la *Relligion* (sic) catholique, apostolique
et romaine, le tout directement en opposition avec les
précités accords de religion et burgfrid. Furent alors em-
pêchés la *procession* (sic), le creutzgang et les *cæremonien*
(sic) du jour de la Fête-Dieu et cela avec grandes menaces
et injonctions de ne plus faire de pareilles *processions*

(sic), creutzgang et *cœremonien* (sic). Non contents de cela, les susdits comtes ont envahi la maison où demeurait le bailli Frédéric de Hindenbourg[1], l'ont parcourue en en tous sens, ont monté les escaliers en courant, ont dégainé leurs épées, ont coupé la corde qui soutenait un ciel de tentures d'or[2], adossé à la maison, l'ont précipité ainsi dans la rue, en présence du précité duc, son seigneur, encore vivant et retenu à Fénétrange par une maladie grave, mais elle (la duchesse) étant absente. On ne pouvait agir plus de *Despect* (sic) et d'acharnement. Non contents de cela, l'année suivante, en 1614, ils ont, le même jour de fête, manifesté toute leur mauvaise volonté en réunissant toutes sortes de gens armés en assiégeant le château de Fénétrange appartenant à ladite duchesse, en se précipitant sur les ponts et tout autour de ce même château et en plaçant des vedettes de Reitres sur tous les points qui y conduisent, en ouvrant même une porte dans la ballhauss (jeu de paume)[3], par laquelle on entre au château, chose ignominieuse et intolérable. A tout cela, nonobstant que le bailli de la duchesse, Frédéric de Hindenbourg leur ait tout d'abord notifié une *Protestation* (sic) dans laquelle il déclarait que vu l'absence de la souvent citée duchesse, il ne voulait, ce même jour de fête, ne rien faire, ni ne rien entreprendre. Les susdits comtes

1. *Frideric von hindenburg, margrawisch hanerisch amptman wegen Brackenhoffs*, habitait la maison dite de Landsberg, démolie en 1858, que nous avons décrite dans une *Notice* insérée dans le Bulletin de la Soc. d'Arch. lorr.

2. Ce riche ornement n'est pas porté sur l'inventaire de 1649, reproduit au § VI.

3. Le jeu de paume, suivant le compte du bailli de 1665, était placé près d'un petit jardin, arrosé par la Sarre, et communiquant avec la ville par une poterne, assez rapprochée du moulin actuel.

ont depuis lors permis à leurs serviteurs beaucoup de
légèretés inconvenantes : ainsi l'un d'eux s'est précipité,
en véritable étourdi, dans la cour de la susdite duchesse,
a sorti un pistolet de son ceinturon et a tiré sur un des
serviteurs de Son Altesse Sérénissime ; si ce dernier n'eût
esquivé le coup, il eût été tué sur place. Beaucoup d'autres ont prouvé et ont montré une grande envie de nuire,
mauvaise volonté et inimitié formelle à l'égard de la dite
duchesse. Mais à raison de son absence, qui se prolongea
de deux ans, la souvent mentionnée duchesse n'a pu obvier
autrement à un tel etat de choses, qu'en faisant interpeller
les susdits comtes, et cela à plusieurs reprises, par le
ministère de *Notarien* (sic) impériaux pour avoir à rétablir
et à réparer, premièrement, les *Injurien* (sic) envers le
Dieu tout puissant, outrages perpétrés en empêchant son
saint service, qui se célèbre en tel jour dans toutes les
églises catholiques, et les *Cæremonien* (sic) religieuses ;
secondement, les *injuriens* (sic), outrages et violences
qu'ils se sont permises envers le feu duc de très-heureuse
mémoire et la duchesse, son épouse, ayant par des voies
et moyens violents rompu et anéanti le contracten der
Relligionen (sic) et le Burgfriden.

Ladite duchesse étant arrivée en ces pays voulut ap-
prendre plus amplement ce qui s'était passé ; elle trouva
que dans le Burgfriden conclu par les seigneurs communs,
il est dit :

Que celui qui se trouve lésé, ait avant d'en venir à une
procès judiciaire à engager à un accomodement celui auquel
il a une répétition à faire. Si l'intimé est coupable, il doit,
dans les quatorze jours, choisir un gentilhomme impartial
ou tout autre homme brave et loyal pour arbitre ; de
même doit aussi le plaignant choisir un noble ou tout

autre ; lesquels arbitres doivent être avisés et priés par les deux parties de fixer le jour et le lieu pour vider le différend, etc[1].

Et comme la susdite duchesse reconnut que ce même accord avait été consenti et corroboré par serment par son seigneur et époux (d'heureuse mémoire), pour ne point charger sa conscience et également pour le maintien de sa réputation, de son nom et de son honneur, elle voulut l'observer de point en point et fidèlement en tout. A cette fin elle ordonna, le 19 octobre de l'année dernière, 1614, à son bailli Frédéric de Hindenbourg , de déclarer à Mathias Kilburger bailli des Rhingraves de Kirbourg, d'avoir à faire part à ses maîtres que ladite dame duchesse était disposée à remplir en leur entier les points et clause du burgfrid et que s'ils voulaient nommer des arbitres, elle en ferait autant de son côté. Le susdit Hindenburg exécuta fidèlement cet ordre et en fit part à Kilburger qui, après quelques pour-parlers, laissa l'affaire sans solution. Quand la souvent dénommée duchesse en fut informée, trois mois s'étant écoulés depuis l'avertissement, elle fit insinuer une protestation publique par ministère d'un *notarien* (sic) impérial, le 13 janvier de l'année 1615. Elle y déclara être dégagée et déliée de l'engagement par serment au burgfrid, serment qui avait lié et engagé son défunt seigneur et époux (d'heureuse mémoire); elle déclara prolonger néantmoins le burgfrid d'un terme de quatorze jours, donnant à comprendre combien fortement et ardemment elle désirait que les choses aient pu se terminer bonnement et amiablement.

1. C'était dans l'ancien droit germanique la juridiction des Austrègues. Nous verrons plus loin qu'elle fut confiée au duc de Lorraine Henri II, du consentement des deux parties.

Eux, au contraire, ont témoigné en tout temps, dans tout l'ensemble de leur conduite, une jalousie extrême et cela même par lettre et *missiven* (sic), au grand déshonneur et *despect* (sic) de feu son seigneur et époux, en ce que, selon la louable coutume de la *nationen* (sic) allemande, ils le traitaient de votre Amitié (ewer lieb); tandis que les comtes doivent donner aux princes le titre de votre Grâce (ewer gnad), ainsi que l'avait fait feu le Rhingrave Otto, leur seigneur père, et que font encore les comtes de l'empire romain, dont le souvent mentionné duc a été nommé prince par feu l'empereur *Rudolphum* (sic) de très-heureuse mémoire, en considération de la grandeur de la famille et du nom qui se rattachait aux très-puissants rois de Hongrie[1]. Et malgré que la souvent dénommée duchesse leur ait fait toutes les avances, à raison des choses ci-dessus, pour arriver à une bonne entente et union, il ne fut pas donné d'autre réponse de la part du précité Kilburger, sinon que ses seigneurs et maîtres ne voulaient user et se servir d'autres moyens que de ceux intentés devant la Chambre impériale de Spire, moyens dont cependant la susdite duchesse doit déclarer qu'aucun n'a reçu de commencement d'exécution, attendu que le mandat qu'ils ont obtenu dans ladite Chambre est encore en litige, et est regardé comme non avenu en vertu des motifs allégués par elle dans une *protestation* (sic) présentée à ladite Chambre. Comme donc par les choses ci-dessus mentionnées et diverses autres, elle reconnaît bien que les souvent dénommés comtes ne sont pas intentionnés d'exécuter l'accord de *Relligion* (sic) et le burgfrid,

---

1. Dont les Croy écartelaient leurs armes, comme les ducs de Lorraine.

rompus et anéantis par eux, qu'elle est même assurée par des personnes dignes de foi que les dits comtes persistent dans la même opiniâtreté, volonté et résolution de chercher à empêcher par la force les *Processionen* (sic) et autres *Cæremonien* (sic) en usage, qui jusqu'à ce jour avaient bien et chrétiennement eu lieu sans aucun obstacle chaque année, comme également dans le même but, ils profèrent à chaque instant de nombreuses menaces, dont la susdite duchesse a reçu relation véridique, disant que maintenant ils voulaient la faire sortir de son repaire (nid), c'est-à-dire de sa ville et de son château de Fénétrange ; qu'ils voulaient réunir une si grande quantité de troupes qu'ils sauraient bien l'empêcher de faire et exécuter de semblables *Processionen* (sic). Il est aussi certain que pour arriver à ce but final, ils ont formé des complots et tenu des conciliabules pour aviser aux moyens de réaliser leurs projets. Pour couper court à tout cela, la souvent mentionnée duchesse a finalement résolu, par devers elle, d'envahir la ville et de s'en rendre maîtresse, comme aussi de rentrer de nouveau en jouissance de son ancienne *authoriteten* (sic) et de son héritage, qu'en vertu desdits traités elle avait cédés et abandonnés ; attendu que les susdits comtes ont eux-mêmes rompu, enfreint et anéanti ces mêmes traités, elle n'a pas hésité à les rompre, enfreindre et anéantir.

VI.

L'auteur de ce manifeste est inconnu ; peut-être est-ce un juriste de Spire, le docteur des ducs de Lorraine à Kauffman-Sarburg, chargé de rédiger, en 1608, la supplique des habitants de la baronnie à la marquise de Havré, ou Johann Kendel, que nous retrouverons, en 1617.

instrumentant dans le château de Fénétrange. Il allègue
que la marquise, suivant les termes du burgfrid de 1584,
avait proposé de s'en remettre à un arbitrage, mais que
les Rhingraves, ayant voulu porter l'affaire à la Chambre
impériale de Spire, la marquise s'empressa de décliner
cette juridiction en invoquant les lois qui régissaient l'Empire. Nous allons, après elle, secouer la poussière des
vieux livres du droit germanique et exposer succintement
les principes de cette législation, *dont il semble que vos
pays*, dit un mémoire adressé au duc de Lorraine Charles
III, *ayent pris leur première origine*[1].

Fénétrange était terre d'Empire et conserva, sous l'administration du prince de Vaudémont (1665-1720), les
rouages de sa vieille administration féodale. Son autonomie
avait été respectée par Louis XIV et par le duc Léopold,
qui, l'un et l'autre, lui laissèrent ses anciennes juridictions : celles des tribunaux inférieurs, soit au civil, soit
au criminel, dont nous n'avons pas à nous occuper ici, et
celle des tribunaux suprêmes dont le principal était alors
la Chambre impériale de Spire, à laquelle les états de
l'Empire avaient recours entre eux, relativement aux fiefs,
péages, revenus et autres droits, et même les vassaux
en lutte contre leurs suzerains, lorsque les causes étaient
de nature à intéresser les lois générales de l'Empire. La
Chambre impériale de Spire jugeait aussi en dernier ressort les actions réelles, quand il s'agissait au fond de
plus de 1,500 florins, ce qui arrivait rarement à Fénétrange, dit un mémoire du temps[2].

1. V. l'essai sur les Coutumes de M. Beaupré. p. 52.
2. V. *Communes*, t. I. p. 342. — On remarquera que, dans une
seigneurie voisine de celle de Fénétrange, à Lixheim, les appels du
buffet des seigneurs étaient portés à la cour de Heidelberg, devant les

Cependant les simples gentilhommes immédiats jouissaient de priviléges si considérables qu'ils pouvaient se
soustraire à cette juridiction commune à tous les états ; ils
avaient le droit de ne répondre en leurs causes que devant
des arbitres appelés *austrègues*, ce qui amenait de telles
longueurs de procédure, que ceux qui commençaient les
procès en voyaient rarement la fin et plus rarement l'exécution de l'arrêt, à moins que la diète de l'Empire ne s'en
mêlât ou que les parties ne vidassent leur différend l'épée
à la main ; usage barbare qui força les seigneurs à faire
entre eux des traités d'alliance pour leur défense récipro-
que, soumis par eux à une sanction pénale. Ces traités
furent appelés *burgfrid*, ou paix du château, et les chroniques de Lorraine en font constamment mention.

L'arsenal des lois fondamentales de l'Empire fut aug-
menté, au xvie siècle, par un nouveau reces[1], connu sous le
nom de Religion's frid ou paix de religion. A la suite de
la transaction de Passau, du 26 mai 1552, Ferdinand, roi
des Romains, avait conclu avec les états de l'Empire, réunis
à la diète d'Augbourg, le 25 septembre 1555, un traité
par lequel le libre exercice de la religion fut accordé aux
catholiques et aux protestants, à l'exclusion des sacramentaires ; les priviléges précédents furent maintenus et l'on
y ajouta la clause dite Réserve ecclésiastique. Ce reces,
publié sous Charles-Quint, ne fut pas plus fidèlement
observé que ceux qui l'avaient précédé ; chaque parti
l'interprétait à sa manière : il fut invoqué dans le burgfrid

comtes palatins du Rhin, et que ce ne fut qu'en 1707 que cette principauté fut mise sur le pied des autres prévôtés de la Lorraine, à laquelle elle fut annexée.

[1] On nommait ainsi les constitutions impériales, qui ordinairement
étaient promulgées à la fin de la tenue de la diète (in recessu).

de 1584 et dans le manifeste de 1615, que nous venons
de reproduire[1].

Les graves questions qui s'agitaient sur les frontières
de la Lorraine, finirent par être portées devant le duc
Henri II, non pas parce qu'il était suzerain des seigneurs
de Fénétrange pour certains fiefs situés sur les terres de
Lorraine, comme Donnelay et autres, mais à titre d'aus-
trègue.

Il semble, au début de cette affaire, que le rôle des
ducs de Lorraine était bien nettement tracé et que, suivant
les traditions de leur maison, ils dussent chercher à arrêter
les empiétements des Rhingraves. Il n'en fut pas ainsi. En
1565, pour des raisons politiques trop longues à déduire,
le duc Charles III ferma l'oreille aux plaintes des Salm et
des Landsberg, et la ville tomba au pouvoir de leurs adversaires[2]. En 1615, Diane recommença la lutte : c'était
alors Henri II qui régnait; prince timide, qui dut se trouver dans un étrange embarras quand il eut à s'immiscer
dans la querelle des Rhingraves et de la marquise de
Havré. Les premiers étaient pour lui des voisins turbulents
et redoutables, dont les terres étaient enclavées au milieu
de ses états et dont les regards étaient constamment tournés vers la France, son ennemie. Quant à la seconde, il
n'avait pas oublié qu'elle était entièrement dévouée à la
maison de Lorraine, pour laquelle elle n'avait pas dissi-
mulé ses sympathies pendant les guerres de la Ligue ; en
1588, elle avait prêté cent deux mille écus barrois au duc
Charles III, pour le mettre en état de prendre le comman-

1. V. Droit public germanique, où l'on voit l'état présent de l'empire. *Amsterdam*. M.DCC.XLIX. — Ibid. Heiss. hist. de l'Empire.
Amsterdam. 1755.

2. V. *Communes*, t. I, p. 545.

dement de la Ligue[1] ; en 1598, les terres de Hombourg et de Saint-Avold lui avaient été engagées ; enfin, si elle avait aliéné une partie de ses droits dans la terre de Fénétrange, dont elle était dame pour la plus grande partie, c'est que, ainsi que le constate un mémoire du temps[2], les Rhingraves luthériens étaient alors les plus forts. Comme Charles III, Henri II chercha à observer la plus stricte neutralité, et certes ce n'est pas nous qui nous plaindrons de cette sage politique, qui valut à la Lorraine une prospérité qu'elle ne retrouva plus que sous le règne du duc Léopold[5].

Nous touchons au dénouement : le vieux burg des sires

1. V. Dom Calmet. *Hist. de Lorraine*, t. II. col. 1414.
2. V. *Communes,* t. I. p. 591.
5. Voici une pièce relative à une affaire d'extradition, au sujet de laquelle le duc écrivit lui-même : « A MM. les marquis d'Havré, Rhin-
» graffs et autres seigneurs de Fénestrange. Messieurs, ce n'est jamais
» de mon consentement ny permission que mes officiers et ministres
» puissent agir dont vous puissiez tirer un sujet de plainte comme je
» m'assure dont n'en trouverez point icy et ce qui s'y fait par mon
» prevost du camp pour la capture du nommé Lachapelle cy-devant
» domicilié en mon bourg de Sainct-Nicolas ou il auroit commis un
» assassinat merveilleusement détestable et pour raison duquel ayant
» été contraint de s'absenter de mon pays....

   » Je suis pour le surplus, Messieurs, votre bon et
   » affectionnée cousin, HENRY.

  « De Nancy ce 7 juillet 1611. »

L'extradition se fit avec les plus grands ménagements et le maître des requêtes, M. de Baillivy, fut chargé, le 8 juillet 1611, d'en informer de Nancy *Madame la marquise d'Havré princesse du Saint-Empire.* Il profita de cette circonstance pour lui donner des nouvelles de la cour : La comtesse de Vaudémont est accouchée d'un prince ; le duc est à Nancy ; il doit se rendre à Lunéville, et de là à Charmes ; le baron d'Ancerville est toujours en faveur ; on a prétendu qu'un Français a tué le duc, ce qui fait que tous les Lorrains ont tué tous les Français qu'ils rencontraient, ce dont la reine s'est plaint ; les religionnaires ont assemblée en France, etc., etc.

de Fénétrange était entouré de hautes murailles et séparé
par un fossé profond de la ville, avec laquelle il commu-
niquait par le pont-levis d'une tour munie d'une herse ;
du côté de la Sarre se trouvaient des ravins fortifiés ; cependant c'était la partie faible, car ce fut par la poterne
de la Balhaus que le château fut assailli, ainsi que nous
l'avons vu dans le manifeste de 1615. Sans doute cette
poterne conduisait aux dépendances du moulin de la ville,
ainsi que le font supposer les mesures de précautions pri-
ses en cette circonstance, que nous trouvons signalées
dans un vieux registre allemand d'un bailli des Rhingraves : « De l'écurie dans le Mühlhof (cour du moulin), qui
» figurait annuellement dans ce compte pour un cens de 2
» florins on ne tire plus rien depuis 1615 ; la dame mar-
» gravine de Hauer l'a fait démolir pendant les événements
» de la guerre. Cet emplacement, ajoute le bailli, appar-
» tient toujours à mon gracieux seigneur et comme la
» seigneurie de Hauer n'a pas encore manifesté ses inten-
» tions à cet égard, on fera de nouvelles réclamations »
Le château avait été ainsi mis à l'abri d'un coup de main
par la marquise de Havré, mais nous ignorons, jusqu'à
présent si la lutte s'engagea dans les rues entre ses gardes
vallonnes et les reitres et les lansquenets des rhingraves,
vers la fin de janvier 1615.

A ces détails sur le tumulte de 1615, comme on disait
alors, il faut ajouter que les suites en furent favorables au
parti catholique, dont les bourgeois, après avoir été longtemps opprimés, parvinrent enfin à jouir de leur préroga-
tives et à siéger parmi les treize, grâce à l'énergie déployée
par la marquise de Havré[1].

1. V. *Arch. comm. de Fénétrange*. BB. 1. Le livre du XX.
Jour (en allemand) f. 91.

Les Rhingraves ne se tinrent pas pour battus : ils s'adressèrent à la Chambre impériale de Spire et au bon duc Henri, le 23 mars, prétendant que c'était la marquise qui, la première, avait rompu le burgfrid en faisant faire des processions publiques hors de la chapelle et du château ; ils renouvelèrent leurs plaintes le 23 septembre. Le 27 mars 1617, le duc s'étant enfin décidé à intervenir, ils le remercièrent de ce qu'il leur avait envoyé ses conseillers pour commissaires. Mais la marquise ne se rendit pas à la conférence qui fut proposée, en sorte que ce ne fut qu'au mois de novembre 1618 que toutes ces difficultés furent aplanies par un nouveau burgfrid[1], dont il ne fut plus question après la guerre de Trente ans, qui, la même année, éclatait à l'autre extrémité de l'Empire germanique.

Le 23 janvier 1617, la marquise se trouvait dans son château de Fénétrange où elle fit l'acquisition de la part que les Landsberg possédaient dans les seigneuries de Brackenkopf, Guéroldseck et Commune. Elle était assistée de deux seigneurs appartenant aux plus nobles et plus anciennes familles d'Alsace : Wolf Boecklé de Boecklinsau et Georges Zorn de Bulach, tuteurs d'Adam Martzloff, Richard, Maximilien, Marie-Madeleine et Catherine, enfants de Jacob et d'Ursule de Landsberg. L'acte de vente fut dressé dans *le grand poële en haut du château de S. A. Madame la princesse Diane*, dans ce vaste appartement qui s'étend au-dessus de la chapelle castrale, et où l'on remarque encore aujourd'hui une vaste cheminée, des poutres historiées, des croisées coupées par des meneaux prismatiques en quatre parties, et l'ouverture carrée qui le mettait en communication avec

---

1. V. *Communes*, t. 1. p. 546, art. Fénétrange.

la chapelle[1]. Iohann Keudel de Spire, notaire public juré de
S. M. I., habitant et bourgeois de Fénétrange, ancien bailli
des Landsberg en 1598, fut chargé de dresser l'acte en lan-
gage germanique, en présence de Jérémie Lalouette, prévôt
de la seigneurie Commune, de Sébastien Geyer et de Mathis
Smidt, tous deux échevins de Fénétrange, tous deux appartenant à cette bourgeoisie turbulente, dont l'attitude, pendant
la période orageuse qui s'écoula depuis l'époque où, après
avoir été de condition serve et soumise aux innovations des
Rhingraves, elle reçut sa charte d'affranchissement, for-
merait un tableau d'un intérêt saisissant, qu'il faudrait
compléter par celui de sa nouvelle organisation municipale ;
ce que ne nous permettent pas les limites du cadre étroit
que nous avons adopté.

La date de la mort et le lieu de la sépulture de la marquise de Havré nous sont inconnus. Dom Calmet rapporte
dans sa *Notice*, art. Fontenoy, qu'elle vivait encore en
1621, au moment ou le pays allait être envahi par les
troupes de Mansfeld. Suivant un autre document, elle se
trouvait, le 14 octobre 1625, dans son château de Thicourt,
où fut signé le pacte de famille qui réglait les droits de
ses héritiers. Parmi ceux-ci on remarquait son gendre, le
fils aîné de son vieil adversaire le rhingrave Frédéric ;
Philippe-Othon, que Diane eut la consolation de voir em-
brasser la religion de ses ancêtres et élever au rang de
grand-écuyer de Lorraine par le duc Charles, III et de
prince du Saint-Empire par l'empereur. Philippe-Othon

1. Cette salle est maintenant divisée par des compartiments entre
plusieurs petits ménages, et le second étage est devenu un grenier,
dont les fenêtres ont été murées en partie.

fut la tige des princes de Salm-Salm, dont la résidence est aujourd'hui dans la Westphalie prussienne.

VII.

Après la mort de sa fondatrice, la chapelle castrale eut à subir d'étranges vicissitudes.

Pendant la guerre de Trente ans, elle ne fut même pas épargnée par le grand Condé, ainsi qu'on le voit par le titre d'une pièce, non retrouvée, qui fut jointe à un inventaire de 1722[1] et dont voici la teneur :

« Inventaire des reliques autrefois à l'Eglise du châ-
» teau de Fénétrange, retirés (sic) par ordre du prince
» de Condé, suivant la missive en original datée du camp
» de Friburg, du 17 octobre 1643 et récépissé au bas
» dudit inventaire de son aumonier et copie tant dudit
» inventaire que du récépissé. »

La nomenclature suivante, empruntée aussi à l'inventaire de 1722, et signée par le bailli des Havré, Jean Meyer (1644-1660), complète notre description de la chapelle castrale, dont les splendides ornements, en partie aux armes des fondateurs, échappèrent, on ne sait comment, au pillage des Suédois, qui saccagèrent la ville en 1636. Ces ornements furent considérablement détériorés, et quelques-uns durent être remplacés en 1662, ainsi que l'indiquent des annotations, d'une écriture postérieure, dont est surchargée la pièce que nous allons reproduire *in extenso*. En la parcourant, on s'explique combien grande devait être l'irritation des jeunes Rhingraves, dont le puritanisme intolérant ne put supporter la vue du luxe déployé dans les pompes religieuses de la chapelle de Diane de Dompmartin.

1. V. Trésor des Chartres, liasse cotée B. 5886. (Fénétrange-Commun.) — Il en est plus amplement question au § VII.

Inventaire de tous les ornements trouvés dans la chapelle de Fénestrange et y appartenant. (Original. Arch. dép. Fénétrange-Commun.)

Cy :

Un calice avec la patene d'argent partie doré.

Un encensoir en argent.

Un petit gobelet d'argent doré.

Une grand croix d'argent.

Deux petites coquilles d'argent, *une des coquilles rompues.*

Une gondole à mettre encen avec une petite cuillere d'argent.

Un ciboire servant de monstrance tout argent.

Un petit tableau.

Un tabernacle sur l'autel.

Un autre petit po^r porter le St-Sacrement le jour de la Feste-Dieu, avec des petits rideaux et autres broderies.

Un grand drap de velours noir et blanc avec les armes de nos seigneurs.

Deux autres draps noirs et blancs pour mettre sur les morts. *Fort deschiré.*

Un devant d'autel velours noir et blanc. *Fort taché.*

Un devant d'autel vert et blanc, toile d'or.

Un autre devant d'autel, damas et broderie, au milieu l'annontion.

Un devant d'autel, toile d'or et figuré.

Une chasuble avec l'estole et manipule en toile d'or.

Une blanche et verte toile d'or avec les armes *deschirée sur le devant.*

Une autre de taffetas blanc et taffetas rouge *deschirée et mangée des souris.*

Deux tuniques blanche et verte.

Deux autres blanches.

Deux tuniques de velours rouge avec des parements d'argent.

Deux tuniques de velours noir.

Une chasuble noire.

Une autre de taffetas violet.

Une chappe de taffetas blanc doré.

Un ciel taffetas rouge.

Deux rideaux de taffetas rouge.

Deux taffetas à couvrir le tabernacle vert et noir.

Un autre de lassis.

Deux robes rouges pour les enfants, avec les bonnets quarrés.

Une boëte à mettre le vénérable sacrement d'argent.

Une croix d'ébène ; le crucifix, la Vierge, le St-Jean d'argent, n.-d. dessus d'argent.

Un petit tableau d'ébène.

La lampe d'argent.

Six chandeliers de cuivre tant gros que moyens.

Deux petits tableaux de marbre.

Sept autres petits, *les autres descolés*.

Six petits vases d'étain.

Deux autres paires.

Deux anges taillés tenant deux chandeliers dorés.

Un petit coussin, dessus les reliques de St-Morin et St Jacques, apôtres.

Un autre avec des reliques des martyrs thébains.

. Un missaille.

Un antiphonaire.

La Vierge avec la couronne de perles.

Un petit chappelet de coralles rouge et perles.

Un Enfant-Jésus avec une petite couronne....

Un autre avec cinq médailles d'argent et quelques perles.

Un Christ attaché à la colonne tout de marbre.

Une Ste-Catherine de bois.

Un St-Christophe de bois.

Une main avec quelques reliques. *Est à Romelfing.*

Deux portioncules de reliques dans un autre bois.

Deux tête d'anges de cire.

Force bouquets façonnés.

Les quatre Évangélistes.

Une Vierge.

Ste Catherine de Sienne.

Un crucifix, rompu.

Une autre Vierge.

Un voile de calice brodé, la Vierge au milieu.

Un autre de satin blanc avec des broderies.

Un lassis blanc.

Un autre lassis rouge et noir.

Deux corporeaux.

Deux coussins toile d'or, des franges et gallons d'or.

Deux autres satin rouge brodés d'argent.

Deux verts tapissés.

Deux satins blancs.

Deux noirs, tous deschirés. *D'une autre écriture.*

Deux de cuir doré, deschirés.

Deux autres avec les amicts toille fine *et deux ceintures, une achetée en 1662.*

Un surplis avec de la dentelle, *tout deschiré.*

Un grand taffetas bleu, un blanc cassis.

Un taffetas bleu et un blanc cassis, *appartient à Berndorff et y est encore.*

Deux autres voiles de toutes coleurs, *de nulle valeur.*

Un devant d'autel, pans coupés.

Un autre entrelacé.

Une autre toile, au milieu le nom Jésus.

Six (?)

Une serviette, deux torche mains.

Un panon taffetas rouge, la Vierge d'un côté, St_
Maurice de l'autre *tout en pièce.*

Une autre panon taffetas blanc.

Deux grauds draps blancs avec dentelles pour les communiants.

Un eau-bénitier.

Deux choppinettes.

Un petit chappelet.

La tapisserie à orner la chappelle, *toute deschirée.*

Une grande couronne d'argent à mettre sur le monstrant.

Fait le 11e jour d'avril 1649, par les sieurs curés et chapellains ; lesquels ornements ont esté mis ez mains de M. Jean Dreiz, maître d'école, pour le présent à Fénestrange, lequel a signé le présent inventaire avec lesdits sieurs curés et chappellains.

Signé : Jean Dreys. Jean Meyer. Charles Soufflatte, curé de Romelfing et Fénestrange.

Voguer, maître d'école. Hans Blamgen.

VIII.

En 1650, les troupes franco-suédoises ayant complétement évacué le pays, on se mit à réparer les ruines qu'avait amoncelées la guerre de Trente ans. Suivant le compte du receveur, en 1658, on ouvrit dans la grand'salle du château de Fénétrange une porte, et l'on en mura une autre ; il fut placé des vitres *au grand poële sur la chapelle* ; on paya le curé de la chapelle Charles, etc. Des notes[1] nous

1. V. Trésor des Chartes. B. 5886. (Fénétrange. Commun.).

font connaître quelques-unes des dépenses affectées à l'entretien de religieux chargés de la desserte. Elles sont signées d'un nom lorrain, celui d'un prédécesseur du vénérable Mory d'Elvange, dans son fief des bords de la Nied, dans le Westrich[1]. Jean Guillaume Seltzer d'Elvange (Iohann Wilhelm Seltzer von Elwingen), bailli des Croy-Havré, avait été nommé par Charles IV, le 5 novembre 1665, capitaine-châtelain, haut-officier, gruyer et receveur des château, ville, terre et seigneurie de Fénétrange et dépendances, dont il avait été chargé de prendre possession, le 31 avril, après la vente de Marie-Claire de Croy. Il avait sous ses ordres un fonctionnaire subalterne, Gaspard Thiébault, qui avait été continué dans ses fonctions de receveur général des églises, par le prince de Vaudémont quand celui-ci eut fait l'acquisition de la baronnie de Fénétrange.

— Le sʳ Gaspard Thiebault donnera un bichet de froment, de rentes de l'Eglise, au présent porteur religieux de Sarbourg et ce pour aumône. Fénétrange, le 17 febvrier 1657.   d'Elvange.

— Le sʳ Gaspard Thiebault, receveur général des Eglises, donnera au sʳ Claude, curé de Berndorff[2], ce qui lui revient pour avoir desservi la chapelle de cette ville, et pour qu'il n'ait pas de difficultés entre les sʳˢ curés, il sera bon d'en donner avis au sʳ curé de Romelfing.
                              d'Elvange.

— Le soussigné, confesse avoir reçu de Mᵗʳᵉ Gaspard Thiebault, receveur général des Eglises, la quantité de 4

1. V. M. Boulangé. Notes pour servir à la statistique monu. de la Moselle. 1853. p. 104.

2. Claude de Bronval était un religieux bernardin du pays de Liége, mort en 1676.

resales de blé et autant d'avoine, et ce pour avoir desservi la chapelle dudit Fénétrange, en l'an 1666.

B. Claude de Bronval, curé de Berndorff.

— Le s^r Gaspard Thiebault, resseveur des Eglises, fera acheter trois mesures de vin d'Allemagne et 2 pots de biere, qu'il fera délivrer aux R. P. Capucins de Salburg[1], et ce pour qu'ils ont desservi la chapelle de ce lieu , pendant le temps qu'il n'y avoit point de curé , durant que la dyssenterie a régné à Berndorff ; ce qui lui sera alloué en dépense de son compte prochain. Fait à Fénétrange, le 20 octobre 1666.

Wil. d'Elvange.

En apostille : Nous avons reçu le contenu du présent ordre.

F. François-Joseph de la Marche, gardien des Capucins de Sarbourg.

— Je soussigné, certifie auoir reçu des mains du s^r Gaspard Thiebault, receveur des Eglises de Fénétrange , la somme de 20 florins du Rhin, pour retirer 7 calices qui sont engagés à Strasbourg, dont ils sont détenus pour une note de treize florins du Rhin. La note a été pour la dépance. Ce que j'atteste sous ma signature. Fénétrange, le 12 juillet 1666. d'Elvange.

Encore plus reçu 4 florins pour ledit voyage, ce qui fait en tout 24 florins.

A la suite d'une nouvelle révolution, en 1682, la collégiale de Béatrix d'Ogévillers ayant été ouverte aux chanoines, la chapelle castrale cessa d'être paroissiale. Le nouveau doyen réclama et obtint du prince de Vaudémont

---

1. Les RR. PP. de Sarrebourg furent fréquemment appelés à Fénétrange et dans les environs jusqu'à la révolution.

la croix de procession, un calice avec patène, encensoir, petit soleil pour porter le Saint-Sacrement, saint-ciboire, croix d'ébène, etc. A partir de cette époque commença l'enlèvement successif de tout le riche mobilier dont nous avons donné l'énumération. Voici une des pièces qui le constate :

Inventaire des meubles et argenterie appartenant à la chapelle castrale de Fénestrange, qui sont entre les mains de l'officier ; les autres ayant été remis au s[r] Pierron, doyen de la collégiale, suivant reçu en forme de reversale ci-devant inventorié. Et cy :

Une image de la Vierge en argent, en relief, avec un petit Jésus et un Saint-Jean sur velours cramoisi et un cadre d'ébène garni d'argent.

. Deux petites plaques d'argent, servant de chandeliers et attachés à un aparoy (?).

Une petite lampe d'argent ouvragé.

Une petite coupe d'argent vermeil servant à donner le vin aux communiants[1].

A cette pièce sans date, dont on ne possède plus que la copie, empruntée à l'inventaire de 1722 (Arch. dép. Fénétrange. Commun.), se trouve jointe la suivante :

Reçu du s[r] Pierron, du 14 sept. 1695, de l'argenterie servant au service divin de la chapelle castrale de Fénestrange, pour être mis dans l'Eglise avec promesse de les représenter quand il plaira au prince.

C'est ainsi que l'on put encore célébrer des mariages sous les voûtes ogivales de l'édifice abandonné, entre autres celui de Christophe Van Oncle de Venette, seigneur de Rahling et de Bining, qui épousa, le 7 février 1710, Anne-Éléonore de Souart, dame de Schveigen.

---

1. V. le Bulletin du Bouquiniste d'A. Aubry, *Paris*. 1859, p. 571,628.

IX.

Outre les Archives de la collégiale, dont faisait partie le *manifeste de* 1615, il y avait les Archives des seigneurs, au château, puis celles du bailliage et de la communauté, à l'Hôtel-de-Ville. La séparation de ces deux derniers dépôts est bien nettement caractérisée par le greffier du bailliage, dans son inventaire de 1755, où il déclare que les doubles des rôles des villages *doivent être déposés aux Archives du Roy, au château de Fénestrange*[1]. Or, Stanislas représentait alors les anciens seigneurs. C'est la réunion de ces trois dépôts d'archives qui a formé le *fonds Fénestrange,* source précieuse de renseignements historiques, dont se sont enrichies les Archives départementales et le Trésor des Chartes.

Les Archives des seigneurs furent longtemps reléguées dans une vieille armoire de la tribune de la chapelle castrale, ainsi que le constate un inventaire dressé par ordre du duc Léopold, le 20 octobre 1722, par un de ses conseillers, messire Henry-Joseph de Kieeler, chevalier, commissaire ordonnateur et général réformateur des eaux et forêts en la Lorraine allemande et département de la Sarre et pays frontières, qui, en 1718, avait été chargé de présider au remembrement de la terre de Fénétrange. Voici l'intitulé de cet inventaire[2] :

« Procès-verbal du Conseiller d'Etat de S. A. R., étant à
» Fénestrange, et commissaire en cette partie.
» Le s[r] Senault nous a représenté un procès-verbal du

1. V. l'Inventaire des papiers du bailliage en 1755, 25 févr. (*Trésor des chartes*).
2. V. Trésor des Chartes, Layette cotée B. 5886. (Fénétrange. Commun.)

» 3 juin dernier, portant que, dans le temps des répa-
» rations que l'on faisoit au château et à la chapelle
» castrale, il se seroit trouvé *une vieille armoire* dans la
» tribune de la dite chapelle, ouverte et brisée, entre
» plusieurs meubles d'église et dans laquelle une masse
» de vieux papiers sur l'Eglise et l'hôpital de Fénestrange
» et la comté de Falkenstein, dont on n'avoit connoissance
» et avons fait dresser inventaire par les sieurs Senault,
» Klein et D'hame, procureur fiscal et P. Aubry, procu-
» reur et substitut à Lixheim, interprète. »

Faisaient partie de l'Inventaire de 1722 :

« Une liasse de six pièces formant inventaire des titres
» de Fénestrange, que Maurice du Plessis, bailli du prince
» de Vaudémont, et que Jean Daniel de Dalheim, maître
» des comptes dudit prince, fit transporter au domicile
» de M. Souart, le 11 décembre 1686, qui les mit en
» sureté.

» Un inventaire des papiers de la maison de Croy, con-
» servés au château de Friburg, tirés des mains du s^r
» Pagny, châtelain dudit château, et remis dans celui de
» Fénestrange, sous la garde du s^r Richard, bailli de
» Fénestrange, pour S. A. R. le 23 avril 1711.

» Un inventaire des titres et papiers trouvés dans la
» chapelle du château de Fénestrange, fait par Henry
» Joseph Kikler (sic), escuyer, seigneur de Guéblange,
» conseiller de S. A. R., commissaire ordonnateur pour
» son service, et général réformateur des eaux et forêts
» au département de la Lorraine allemande en présence
» de M. Charles-Henry Souart, conseiller, secrétaire d'E
» tat de Mg^r le prince de Vaudémont, fait le 24 avril
» 1711. »

Ces intéressantes épaves d'un passé déjà si loin de nous

avaient dû être mises en lieu de sûreté, notamment en 1636 et en 1676, quand amis et ennemis saccageaient le château et la ville. La guerre, connue sous le nom de *tumulte des Pandours* (1743), vint de nouveau répandre une alarme dont nous trouvons une exemple en 1793 , lorsque le 1er octobre on dirigea en toute hâte au château de Fénétrange trois grands coffres contenant les Archives de Bouquenom, différents objets *appartenant à la nation* et provenant du château de Lorentz, de Saarwerden , etc., *pour en cas d'événements les faire passer plus loin à l'intérieur.*

X.

L'original d'un placet, annexé à l'inventaire de 1722[1], nous fait connaître l'état de la chapelle castrale sous le règne du duc Léopold :

« A Son Altesse Royale, »

» Nicolas Van Oncle , curé et prêtre de Fénétrange,
» conjointement avec les bourgeois catholiques dudit lieu,
» remontre très humblement qu'en l'an 1582[2] , Diane de
» Dommartin , duchesse de Havré , en partie dame des
» terres de Fénétrange, auroit cédé la part et portion des
» églises desdites terres aux hérétiques luthériens, dont
» les chefs étoient Otto (sic) et Frédéric, Rhingraffs, aussi
» seigneurs dudit Fénestrange. Le Pape ayant été informé
» que cette trop faible cession est injurieuse à la religion
» catholique, obligea cette dame de bâtir quatre Eglises
» paroissiales dans ladite terre, les fournir d'ornements ;
» une de ces quatre Eglises fut bâtie au château de Fé-

---

1. V. Trésor des Chartes. B. 5886. (Fénétrange. Commun.)
2. Lisez : 1584.

» nestrange, pourvue de tous les ornements nécessaires ;
» les luthériens, en vertu de la cession, ayant enlevé ceux de
» l'ancienne paroisse, celle bâtie au château, qu'on prétend
» être chapelle castrale, servit de paroisse jusqu'en l'an
» 1682, que la religion luthérienne a été abolie par les
» armes de France ; l'ancienne église reprit une partie
» des ornements transportés du château en icelle par le
» curé de ce temps ; il se trouve cependant encore, entre
» les mains des officiers de S. A. R., une petite lampe
» d'argent, un gobelet et quelques plaques, le tout d'ar-
» gent.

» Ce considéré, plaise, Monseigneur à V. A. R., or-
» donner à ses officiers de remettre les effets dudit châ-
» teau à la paroisse encore à elle appartenant et le tout
» pour être employé au service divin, pour la plus grande
» gloire de Dieu, la continuation des vœux pour un long
» et heureux règne de V. A. R.

» Signé : VAN ONCLE. »

Au dos du placet : « S. A. R. ordonne au sieur comte
» de Choiseul-Beaupré, bailli de Fénestrange, de faire
» remettre incessamment à la paroisse dudit lieu les lam-
» pe, gobelet, plaques d'argent et tout autre ornement
» d'Eglise, qui sont au château dudit Fénestrange, pour
» être employés à former un ciboire et un soleil en ladite
» Eglise.

» Fait à Lunéville, le 5 janvier 1727. »

En apostille : « J'ai reçu l'original de la présente copie.

» Le comte de CHOISEUL BEAUPRÉ. »

Sous Stanislas, en 1763, il restait encore quelques vieux
tableaux, la cloche, et dans le caveau, quatre cercueils
en plomb, peut-être d'autres cercueils en chêne ; le doyen

de la collégiale s'empressa de réclamer le tout et rédigea
ainsi sa demande, qui fut visée par le lieutenant civil et
criminel du bailliage :

« A Monsieur d'Hame, conseiller du Roy, lieutenant-
» général civil et criminel du bailliage de Fénétrange
» et en qualité de subdélégué commissaire en cette
» part.

» REMONTRENT très-humblement les doyen, cha-
» noines et curé vicaire perpétuel, à eux joints les éche-
» vins et fabriciens de l'Eglise collégiale et paroissiale de
» l'Eglise de St-Pierre de Fénétrange que leurs prédé-
» cesseurs ayant obtenu, en 1695 et en 1697, la permission
» de transporter en leur dite église les ornements, vais-
» saux sacrés et autres décorations les plus nécessaires
» à la célébration de nos mystères, qui étaient en la cha-
» pelle du château de cette ville, comme ils sont énoncés
» dans leurs quittances, ils auroient pareillement obtenu
» de S. E. Mgr le chancelier de Lorraine un décret en
» date du 4 may 1753, par lequel ils sont autorisés à
» faire remettre en leur Eglise tous les vieux tableaux,
» meubles et autres effets restés dans ladite chapelle et
» principalement une cloche avec le bois et marnage né-
» cessaire pour accompagner celle qui sont dans la tour.
» Ce qui ne fut point mis pour lors en exécution, malgré
» que dans ladite année ladite chapelle fut profanée par
» les choses qu'on y mit, et malgré que depuis on n'y fit
» plus de procession comme d'ancienneté dans l'octave du
» très-saint Sacrement, parce que M. le comte de Saint-
» Ignon, qui logeoit audit château, leur a observé que la-
» dite cloche lui étoit nécessaire pour appeler du secours
» en cas qu'il fut attaqué la nuit par des volleurs. Cette
» raison n'existe plus, et, par le même décret, il est aussi

» permis aux remontrants de faire transporter des osse-
» ments et reliques des morts que l'on auroit mis dans le
» caveau de laditte chapelle, dans le temps qu'on y faisoit
» le service paroissial, s'ils s'en trouvent après l'ouver-
» ture et la visite faite, parce qu'elle est toujours actuel-
» lement employé à des usages profanes. Ils ont aussi ob-
» tenu des supérieurs ecclésiastiques de les remettre à
» l'ossuaire de la paroisse, afin qu'ils ne fussent pas
» profanés.

   » Monsieur, ce considéré, il vous plaise, etc.

     » Jean GUIRE, chanoine et doyen du chapitre.

   » Vu le 13 décembre 1763.   » D'HAME. »

Les ossements qui se trouvaient dans le caveau furent
enlevés, le 9 juillet 1764, ainsi que le constate le procès-verbal de la vente des meubles de la chapelle castrale[1] :

   « .... a été procédé en la cour du château, devant la
» chapelle qui y est attenante, à l'adjudication de quatre
» cercueils de plomb, provenant du caveau et trouvés sans
» couverture et gâtés de rouilles, pourriture et vieillesse.
» Après que les ossements qui y estoient eussent été lavés
» et transportés, avec les cérémonies ordinaires, dans un
» cercueil de bois de chêne, fait exprès, qui a été déposé
» dans l'ossuaire de l'église collégiale de Fénestrange, en
» attendant qu'il en soit disposé autrement. »

M. de Varcilles, vicaire-général de l'évêché de Metz,
écrivit à ce sujet, le 18 septembre 1764, au doyen : « J'ai
» de la peine à comprendre, Monsieur, quelle est la rai-
» son qui vous a déterminé à vous adresser à M. le chan-
» cellier, pour obtenir la permission de transporter d'une
» église dans l'autre, des tableaux, ornements, et d'ouvrir

---

1. V. Arch. dép. Coll. de Fénétrange. Xe L. 237.

» un caveau, transporter des ossements et autres choses
» de cette nature, qui semblent n'appartenir qu'à la juri-
» diction ecclésiastique. Je vous envoie aujourd'hui la
» permission de bénir ledit caveau et la nouvelle cloche. »

Il importe peu de savoir comment se termina le conflit
soulevé entre M. de la Galaizière et M. de Varcilles, entre
le chancelier du roi Stanislas et le vicaire-général de l'é-
vêque de Metz ; ce qui est certain, c'est que le caveau de
la collégiale, profané en 1565, n'était pas encore béni en
1770[1], et que l'on n'y déposa pas les cendres des dynastes
du château, qui furent reléguées dans l'ossuaire du cimetière, d'où elles n'ont disparu qu'assez récemment, après
avoir traversé la tourmente de 93. Nous ignorons ce qu'elles sont devenues. Parmi les cercueils de plomb vendus
à l'encan dans la cour du château, devait se trouver celui
de Charles-Philippe de Croy, le filleul de Charles-Quint
et de Philippe II, le mari de Diane de Dompmartin.

Ici s'arrêtent nos recherches. En 1765, le château de
Fénétrange fut accensé au nouveau gouverneur, M. de
Frimont, et rebâti en partie par lui. C'est ce qui fit dire
à un auteur lorrain, à Durival[2] : « il y avoit un vieux
» château, dans lequel étoit l'ancienne chapelle castrale,

1. V. Arch. dép. Coll. de Fénétrange. X°. L. 146.
2. V. Durival. Description de la Lorraine. *Nancy*. 1779. T. II. p.
266. — La Notice de Dom Calmet et le terrier de 1720 ont aussi
mentionné la chapelle castrale, mais d'une manière encore plus laconique. Quant à l'état de la cure de Fénétrange, présenté le 2 septembre 1723 à messire J.-B. Canon, chanoine de Metz (V. Coll. de Fénétrange, n° 120), il nous fournit très-peu de détails nouveaux. Après
avoir rapporté qu'on ne dit plus la messe dans la chapelle castrale, il
nous apprend que ceux qui demeurent au château en ont la clef ; que
par ouï dire, la chapelle est sous l'invocation de Saint-Jacques, que
l'on y élève un reposoire le jour de la Fête-Dieu et qu'il y a un caveau.
Des anciennes tombes, pas un mot.

» et un caveau sans doute la sépulture ordinaire des sei-
» gneurs. — On a construit une maison très-considérable
» sur l'emplacement du château, » ajoute Durival sans se
douter apparemment qu'au milieu des travaux de restauration en style Louis XV, la chapelle castrale et la sombre
façade du manoir seigneurial habité par Diane de Dompmartin étaient restées debout, bien déchues, il est vrai, de
leur antique splendeur.

Nancy. — Imp. de A. LEPAGE, Grande-Rue (Ville-Vieille), 14.